国家出版基金项目

漫画中国人的精神

社会主义核心价值体系建设为什么好?

漫画中国编绘部　文/图

中国青年出版社

社会主义核心价值体系建设

“马克思主义指导思想，中国特色社会主义共同理想，以爱国主义为核心的民族精神和以改革创新为核心的时代精神，社会主义荣辱观，构成社会主义核心价值体系的基本内容。”

党的十六届六中全会通过的《中共中央关于构建社会主义和谐社会若干重大问题的决定》首次提出“社会主义核心价值体系”这一概念。

这是中国共产党在全面建设小康社会进程中形成的一个重要理论成果。它旗帜鲜明地回答了新的历史条件下，我们党用什么样的精神旗帜团结带领全国人民开拓前进，中华民族以什么样的精神状态屹立于世界民族之林，当代中国人应该具有什么样的精神和气质等重大问题！

2012

变化中

“21世纪是变化的世纪，在这个世纪，唯一不变的是变化！”

我们正处在一个变化中的世界和变化中的中国——

“这种令人生畏的变化，不仅仅局限于产品、技术和资本，中国目前还经历着社会、政治和文化变革。”

改革开放三十年制造了中国的巨变——

“美国的现代化发展用了一二百年时间，而中国仅在三十年的时间里就变得足以让世人惊讶！”

的中国

2002 年到 2012 年，是中国变化最激烈的十年。

遽变、巨变、剧变，整个中国都在发生改变，是为**“变化中的中国”！**

“变化”成为整个时代、整个世界、整个中国以及每一个普通的中国人最根本的特征和际遇！

深刻、深邃、深远，每一个人都正在改变，是为**“变化中的中国人”！**

这是一个变化的时代

在这个变化的时代，**“变化最大、最深刻的是每个普普通通的中国人！”**

如何帮助每一个普通的中国人**洞悉这种“变化”？**

如何让海内外的人了解中国共产党**如何应对“变化中的时代”和“变化中的世界”？**

如何让所有的人都理解中国共产党领导中国人发生的**那些堪称奇迹的巨大变化？**

又如何让党内外、团内外、海内外、下一代认识与接受中国共产党领导和执政中国所取得的执政经验、伟大成就和中国智慧？

这需要系统梳理以胡锦涛总书记为领导核心的中国共产党在这十年（2002~2012）治国理政的重要历程：

“当今世界正在发生前所未有的历史性变革！”

“当今世界正处在大发展大变革大调整时期！”

“未来科学技术引发的重大创新将会推动世界范围内生产力、生产方式以及人们生活方式进一步发生深刻变革！”

“我们所处的时代，是一个充满机遇和挑战的时代！”

“新挑战新威胁在增加，我们应该严肃地思考如何更好地解决人类社会面临的一系列重大问题，严肃地思考人类社会的发展方向……”

以变应变，“深刻变革论”只是一个起点！

深刻变革

中国共产党的领导

“90年来，中国社会发生的变革，中国人民命运发生的变化，其广度和深度，其政治影响和社会意义，在人类发展史上都是十分罕见的。”

——胡锦涛（在庆祝中国共产党成立90周年大会上的讲话）

“变化”需要“变革”

2002~2012 年，以胡锦涛为总书记的党中央领导集体继承发展**中国共产党关于时代问题的基本战略**思想和治国理政的重要经验成就，全面把握**当今世界历史性变革的脉动**，科学判断时代发展特征和趋势，创造性地提出了**一整套体现时代潮流、推动时代发展、引领时代前进的重大战略思想：**

科学发展、和谐社会、以人为本、新农村建设、执政能力、生态文明、文化强国、和谐世界……

这集中体现了新世纪新阶段中国共产党**在时代进步问题上的重大理论创新！**

这集中体现了这十年中国共产党**在中国发展问题上的执政经验和伟大成就！**

这集中体现了中国共产党**面向现在和未来，思考人类发展方向，实现中国人民和世界人民根本利益，推动人类文明大繁荣大发展问题的中国智慧……**

发现、探索和思考：DISCOVER 变化中的中国

小格格**一家仨**（包括 70 后的爸爸、80 后的妈妈和 00 后的小格格），是千千万万**普通中国家庭的一份子**。

作为最基本的**社会细胞**，他们最直接地感受到了这种**“变化”**！

当他们和海归寻根的 90 后华裔青少年杰瑞相遇，一起最深刻地意识到了这种**“变革”！**

于是，他们一起上路，**DISCOVER“变化中的中国”，去探索、发现和思考**这十年中国共产党领导这种**“变化”和“变革”的伟大历程……**

CONTENTS

目录

happy

人物故事画谱

来！认识一下

变化中的中国

这些有趣的人和事儿

"今天，我们要做怎样的中国人？"

一个国家的人民的精神和气质，是向世界展示这个国家的名片。中国人向世界展示的精神和气质是什么？

这个问题，不但困惑着海外归来的90后华裔青少年杰瑞，也让小格格一家陷入不同程度的思考。

于是，他们相约北京，开始在变化中的中国寻找精神之旅：

我爱北京天安门，以爱国主义为核心的民族精神，像人民英雄纪念碑一样矗立；

向雷锋同志学习，做社会主义公民，让每一个中国人都在平凡中伟大；

鸟巢、水立方中所蕴藏的奥运精神，见证着中国人"更快、更高、更强"的拼搏意志，也具有"和平、友谊、团结"的包容品格……

在DISCOVER（探索、发现和思考）变化中的中国中，小格格一家仨和杰瑞发现：十六大以来，以胡锦涛为领导核心的中国共产党在中国特色社会主义建设的伟大实践中，概括和提炼出了一系列崭新的伟大精神：

改革创新精神、载人航天精神、北京奥运会和残奥会精神、抗震救灾精神……

它们，在重塑着中国人的精神！

10.1
祝祖国生日快乐

小格格

夏格格，00后，第四代“北京移民”。全球化新生代，苹果原住民，已经没有任何地域观念：**中国是盘棋，地球就是个村，互联网——噢，就是“我的第二人生”。**

性格特征：活泼可爱，聪颖机灵。

语言特征：爱提问，喜欢不断地问为什么。

背景传记：小格格眼里的“事情”与世界，和大人眼里的不一样，她有她自己的判断和理解；在“DISCOVER变化中的中国”中，小格格重新审视那些“大人教给我们的事儿”……

小格格是蜜罐中长大的祖国花朵，从小就被爸爸妈妈、姥姥姥爷、爷爷奶奶甚至太姥爷……当成小公主。她体会不到生活的酸甜苦辣，却强自说愁；活泼开朗，但多少也隐藏着一丝“独二代”的自私与霸道。

对于00后，小格格的自我描述是：“幼儿园的老师说我们是‘独二代’，说我们的生活最幸福。我把这句话想了老半天，可是，我们生活幸福吗？一点都不！虽然我有一大柜子的玩具，但一个人玩太没意思了。别的小朋友也不能总陪我玩，他们还有他们的事情。回家只能玩电脑，好玩的游戏都要钱，不付钱的游戏一点都不好玩！玩累了也没有一般大的小朋友疯着互相追赶做游戏。有些还少儿不宜，什么打怪兽的游戏，好吓人；还有什么植物大战僵尸，里面的僵尸让我做了好几次噩梦！还是爸爸那些他小时候和小伙伴儿打架的故事有意思，听着多带劲啊，虽然那个时候没有电脑游戏，没有好玩的玩具，但是……总比我们这样孤孤单单的强……”

小格格机灵俏皮，和同样聪颖机敏的妈妈之间，是当下最时髦的00后牛孩和80后辣妈的关系。她和爸爸没大没小，称他为“大叔”，教训妈妈：“MM，面膜不是你这样贴的！”一向懒惰且振振有辞。晚上，爸爸指使小格格把毛巾被给妈妈拿过去，小格格不去，反而对爸爸说：“你去，正好可以增进一下夫妻感情。”爸爸无语……只好自己颠颠去了……

小格格提前进入叛逆期，反对老师、父母、家庭、社会、权威……一切所谓“大人世界”教给他们但并不能被他们所认可的价值观念。因为“大人世界”老是说你们该怎么说，怎样做，似乎大人们说的一切都是对的，但是伴随互联网成长起来的这一代人已经学会了批判性的思考，发现“大人世界”所说的那一套并不足以解决他们现在所面临的很多新的成长问题。而且由于互联网，他们甚至获得比“大

人世界”更多的足以洞悉自己的困惑、需求和解决之道的信息。所以，他们并不服“大人世界”所谓的正确做法。但是，他们很聪明，不再是直接反对，直接叛逆，而是逐渐学会甚至能娴熟运用“以子之矛，攻子之盾”：你们不是老拿《论语》说话吗？我就拿孔子来说事儿！你们大人经常孔子怎么说、孟子怎么说……所以，小格格会说：**“孔子是谁？孔子就是我眼中的一个可爱的老头，**有很多想法，却又找不到机会说实话，所以经常爱发发牢骚；**收了一群不成器的弟子，整天呵斥他们：你们怎么这样笨啊！这样下去怎么得了啊……”**

祖国就像妈妈一样，与生俱来，但小格格很反对那种**“概念化的祖国”**。本来，小格格眼中的共产党仍旧停留在故事书中的坚强不屈、百折不挠，不畏艰难险阻，最终打败敌人的英雄形象。但是，回家过年奶奶吃饭时唠叨了几次的农民种地不纳粮，还给补贴，让小格格感觉很新奇。奶奶说啊，从古至今，农民种地都要缴粮，现在不用缴了，国家还给补贴呢，农民的日子好过了。小格格很感兴趣，睁着大眼睛：那是一个未知的世界。

于是，**“党”似乎变成了一个人**，从此不再变得虚无缥缈。再紧接着，身边的很多人、很多事以及生活中很多正在发生的“变化”，**让党、国家、祖国等这些遥远而抽象的概念，越来越成为小格格能够理解的“亲身经历的事情”**。

比如，“图书馆也是免费的！”小格格瞪大眼睛，觉得真是件不可思议的事。图画书随便看！不用花钱，太棒了！那省下来的钱……可不止几个冰激凌了，能买一大堆我梦寐以求的芭比娃娃呢！小格格接着想：**国家真好，图画书可以免费看**，上次不小心把新买的芭比娃娃摔坏了，妈妈一气之下再也不给我买了……这次我要告诉妈妈，图画书不用买了，把省下来的钱给我买芭比娃娃，呵呵！

于是，**党和国家一下子变成了小格格的好朋友，**能给自己“提供”冰激凌和芭比娃娃，对一个才这么大的孩子来说，这将是一个多么大的诱惑啊……

杰瑞

Jerry，90后，海外华裔青少年，回国寻根之旅的间隔年、旅行者：“我是90后！我就是要秀自己：因为我说，所以精彩！”

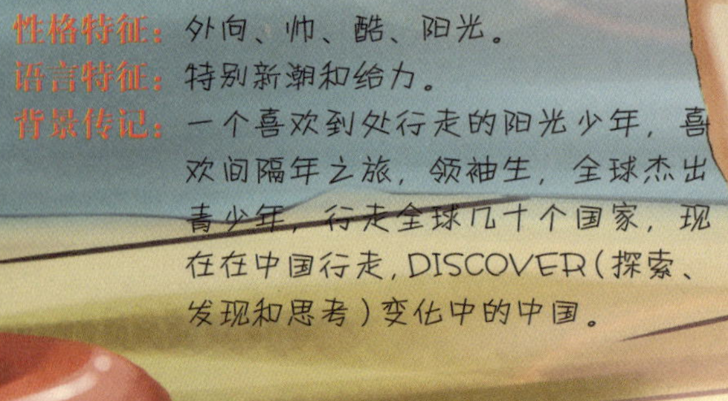

性格特征：外向、帅、酷、阳光。

语言特征：特别新潮和给力。

背景传记：一个喜欢到处行走的阳光少年，喜欢间隔年之旅，领袖生，全球杰出青少年，行走全球几十个国家，现在在中国行走，DISCOVER（探索、发现和思考）变化中的中国。

杰瑞是从美国归来寻根的90后华裔青少年，有个美国的脑袋和中国的胃："我去过非洲看过贫瘠，去过欧洲看过悠闲，现在来到中国看到了欣欣向荣，热火朝天。这是一种生活的热情，我被深深地打动了——**走遍中国，我充满期待，用脚步丈量我的国家，用镜头网罗我的祖国，美哉！**"

作为十八岁的青少年，杰瑞渴望迅速成长，渴望迅速成熟，渴望迅速"成功"。因为，迅速成长和成熟能够带来他渴求的东西："我就想快长大，比别人更强，也更会说话。"因为，十八岁其实是个很尴尬的年龄，虽然标志着成年，但是还没有人把你当成年人看。这一代的90后，在被社会批评了太久之后，急于表现和展示自己来取得认同。杰瑞也一样："我就像一般的少年，我总是希望我是某个重要人物并在重要的地方出现，懂得优雅、知道进退、发现自我，获得父母和社会的认同。"

作为华裔，杰瑞乐于表达，坦率真诚，对变化中的中国大家习以为常的人物和事件有着自己独特的理解："其实雷锋并不只是红色年代所塑造的一个符号。当年的他就喜欢穿皮夹克，喜欢拍照，他热情、善良、热爱生活，**雷锋根本就是一个像我们一样有血有肉的时尚青年。**"

作为90后，杰瑞说："我发现我们这一代人被社会标签化，甚至妖魔化，其实或许哪一代年轻人都会经历这个过程。我行走世界，发现、探索和思考。我觉得重要的不是去哪里，而是过程，重要的不是我们现在能不能够被认可，而是我们到底做了什么。**我骄傲，我是90后。我也相信，终有一天世界会为我们骄傲。**"

作为海外出生的中国人，杰瑞说："我在美国出生，我也是中国人。我走到哪里都改变不了我的黄皮肤黑眼睛，我爱我的国家，我也爱我的祖国。"是的，**无论我身在哪里，我爱我的祖国。祖国，也别无选择，请为我们加油，为我们自豪！**

这就是杰瑞和90后！无论是在中国还是在美国，他们接触到的信息都是海量的，形成多方位思考和独立判断的能力就更强。走在DISCOVER的路上——发现、探索和思考变化中的中国、变化中的世界、变化中的时代——这种方式不但**培养他们发现、探索和思考的能力，也培养他们对社会、世界和这一代人的责任感。**比如，关注全球变暖、极端天气、"雨雪中国"，以及由此思考自己作为充满希望和责任的未来公民的教育、培养和成长。

爸爸
夏商周，70后，基层公务员，考大学来到北京后留下的"新移民"。
"我不是凤凰男，我是奋斗男。虽然我的户口换成了北京，但是我的身份证号码永远不是'110'开头，我要为了我的幸福生活而奋斗。"
性格特征：善于思考和创新，思想开阔，沉着冷静，观察力强。
语言特征：带着家乡口音的普通话，有时候还会用家乡的俚语来表达。
背景传记：在一个基层部门工作，是第一线的党员，在"走基层、改作风、转文风"活动中，以实际的工作生活感受到了中国共产党的执政经验、伟大成就和中国智慧。

爸爸是拿着不是“110”开头的北京身份证的首都新移民。

爸爸自嘲贴在自己身上的标签是非典型的：“籍贯：巴山蜀水——小山村；学历：研究生毕业——多如牛毛中一根毛；户口：北京——单位集体户……”

毕业七年，一个国家部委直属单位的基层公务员，“嫁”给了一个出生在皇城根儿的京城孔雀女。但不管别人怎么议论高考，爸爸仍然认为举家高考、知识改变了他的命运；他对小格格说：“高考，相对来说还是个很公平的选拔制度，要不，我也来不了北京见不到你妈妈啦。”

事实上，爸爸读书奋斗二十载，京城漂泊十多年，虽然有“婚房”——城乡结合部一小区两居室，有“三证”——结婚证、房产证、驾驶证，以及所谓的身份和地位（部委直属单位的人），却还是没有得到应有的“尊重”和“认同”——老家人把他视为“北京人”，北京人把他视为“外省人”，丈母娘更视他是“乡下人”……那些“蚁族”、北漂、没有“绿卡”的京城新奋青（新奋斗青年），更是把他视为“异端”：你都有北京户口了，还跟我们矫什么情？虽然那只是一个集体户口！

所以，他没有阶层，没有圈子，没有归属，没有根——只好自动地归为“上京族”。上京，上京，我上北京读书、就业、工作、结婚、生活……我在这里。但我不是这里的人，家在远方。可我已经回不去了。

从这一点来说，他其实是千千万万个“上京族”的缩影——我们挣扎在这个城市，我们还热爱这个城市，正如，我们挣扎于生活，但是我们热爱生活。可是，

这个城市接纳我们吗？生活热爱我们吗？

但爸爸绝不气馁，不抛弃，不放弃："我们这样的上京族，都是被'首都'这两个字吸引过来的。北京，在我们心里，就代表着中国。中国最好的资源聚集的地方，也是最能让我们发挥自己才华、实现理想的地方。"

爸爸觉得，虽然自己眼下只是一个基层小公务员，但是自己的奋斗很有奔头儿："我已经**靠着高考来到了北京，我还要靠自己的努力赢得一个更大的舞台。**"

爸爸其实没有野心但是有抱负，他想借助着更大的平台来实现自己的梦想。

这种"小我"建设和国家的"大我"建设正好是能够找到契合点的。

可以说，爸爸完全以新时代的人物特征来实践和奋斗着自己的个人梦想与社会共同理想。

这是"小我"和"大我"最和谐的结合。

不过，爸爸作为"新北京人"，属于**"产地"不是"110"的"新移民"**，和小格格的妈妈这个在北京长大的土著姑娘，对于到底怎么才算是"北京人"的问题，一直争论不休……

妈妈

佟凝，80后，在北京长大的**“土著姑娘”，麻辣教师，**计划生育政策的第一批孩子。

因为自己的成长经历，妈妈不会把自己全部的时间和空间都给孩子。这是**80后的标准辣妈**：“我要有我的私人时间，我还要和闺蜜去逛街，找个地方喝下午茶。**我是妻子，是妈妈，也是一个女人，还是女儿，是闺蜜的朋友，**等等。我相信，对于小格格来说，**一个全方位立体的妈妈远比她一个人的妈妈更精彩。**”

性格特征：继承了姥姥的温婉细致，还有姥爷的奔放热情。

语言特征：说话语速慢，有着老师习惯性的语言重复。

背景传记：妈妈所在的学校在进行“非公党建”，妈妈积极参与。

对于姥爷的“活在改革开放”，妈妈总强调自己才是真正地活在改革开放。妈妈说：“我们这一代人，才是真正见证了、经历了改革开放的 30 年，看到了小时候没有的一切现在都有了。我们是白老鼠更是幸运儿，你看，小格格就不用像我们小时候一样只有周六晚上六点半才能守在黑白电视机前面等着唐老鸭了。”

关于 80 后的负面和正面评价，以及他们应该承担的责任，妈妈说：“我们是计划生育政策的第一批产物，我们没有了亲兄弟姐妹，但事实证明，我们也不是六个老人围着转的小太阳，我们正要成为祖国的中坚力量。”

妈妈说，我们不说什么崇高的理想，也不谈如何承担实现共产主义的责任。我只知道，如何努力让自己过得更好，更幸福，还要努力让我身边的人过得好，感觉到幸福：“我想，把自己的小日子过好了，大家的日子不都过好了么？所谓的共同富裕和国民幸福，不就都实现了么？”

这个想法和爸爸的思考略有差异：**爸爸总是从家国的角度，来考虑和衡量个人的奋斗和家庭的富裕。妈妈的社会责任感，则是由对自己小家的责任感开始产生的。瞧，这就是 70 后男 80 后女结婚后的代际和两性差异！**

作为 80 后麻辣教师的妈妈，会从“爱国符合你自身的利益”的角度来对 90 后、00 后的青少年学生进行爱国主义的教育。像过去的人（如姥姥、姥爷）说“你要讲奉献”一样，在“祖国教科书”里，我们一直把传统文化、社会责任、爱国意识说得很概念化，很没有血肉，以致让年轻一代反感传统、反感经典、反感教育：“或许我们应该正视他们所处的这个自私和趋利的时代，及其所受到的利益为先的影响，适时调整我们的教育观念和行为：

爱国不只是责任，不只是义务，它同样是基于你个人自身的利益，是你的权利！

“在青少年教育中，自私亦可成就能力，成就责任，成就爱国。我为什么要关心全球变暖、气候政治？因为‘雪冻中国’、‘中国式后天’已经距离威胁我的生活只有 0.05 公分！**‘气候公民’**必须从我做起，从我的一点一滴生活做起。”她们这代人从利益出发来锤炼青少年能力、培养责任、培育爱国情结的方式，已经在校园教育中发生着微妙的变化，逐渐和理想、信仰教育融合在一起，成为人的“本能”——**“我相信，爱是与生俱来的。从爱父母到爱祖国，从爱文明到爱中国，都需要开启这种与生俱来的‘爱’的能力，自觉自为，自我实现，从此出发，让 90 后和 00 后承传中国人真正的精、气、魂。”**

妈妈也会从“**爱与被爱符不符合你当下与中长期利益**”来引导学生们的校园恋情：

“我们早就不叫它们‘早恋’了，而是称之为‘男女生交往过密’。对于这种情感你必须以‘暧昧的同情者姿态’对待，而不能以旗帜鲜明的‘早恋反对者与教育者’出现。现在的 90 后和 00 后特别多疑，也特别自负，你要让他们敞开心扉，可以说非常难。但也不是没有可能，尤其是在所谓的朦胧而敏感的初恋话题上。

“正如我对一个因为失恋就寻死觅活的女孩所说，如果你想弄懂真感情，一定要记住三点：

“第一，要学会珍惜。你有这样的情感很不容易。这是世界上最纯粹最美丽的情感，你一辈子都不可能再拥有这种记忆。在这个最美的时代遇上最美的情愫，是你的幸运，也是你一生的财富，所以，要学会珍惜。这个时候的恋爱是最美好最纯粹的，要珍惜，因为以后再也不会有了。

“第二，要懂得放弃。你这个年龄段不是谈情说爱，开花结果的。你得给自己一个未来。你的未来他给不起；或者他将来给得起但却不想给。你要他来干什么？他不会为你的一生负责。没有人能够为你的一生负责，你要为自己的一生负责。要知道轻重。他能给你快乐给你美好给你惊喜，但是给不了你考试及格给不了你上大学的分数。你要懂得，鱼和熊掌不可兼得，永远不要觉得自己会是个例外。所以，**要学会珍惜，但更要懂得放弃。在这个最美的年代发生的故事，才会成为你一生珍藏的最美的记忆，让你偶尔想起都会心动。**而不是相反，成为你一生的累赘，在梦醒时分时时忆想，不断地追悔。

“第三，分手不要有任何忏悔和歉疚感，要自己对自己负责。去爱，就要真诚地去爱。就像席慕容的诗里写的一样，年轻的时候，爱上一个人，就要温柔地去爱。但是，放弃，就要果断地放弃。你歉疚什么啊？你只有十七岁，你有什么能力去歉疚？好的，坏的，都是你自己选的。你不知道离了这个男生仍然可以活下去吗？你不知道约会耽误时间吗？……你都知道的。你十七岁懂的道理跟六十岁没有什么区别。道理你比我还懂。所以，我不跟你讲道理，我只跟你讲一句话：好的，坏的，都你自己担着，因为这是你自己选择的。”

“别指望着任何人对你负责，因为别人没有义务。对你负责的只有你自己。”

卷首语

社会主义核心价值体系建设：

重塑中国人的精神

2012年，中国人，留给世界怎样的印象？

下一个五年，中国人应该以怎样独特的**视野、姿态、理念与价值观**面向未来？

到**2049年**，建国100周年时，中国以**何样的面目、何种形象**屹立于世界？

大国崛起、民族复兴、中国道路，中国人用什么凝聚自己的精神和情感？

世界是平的，地球是个村，**我们应该用什么样的词语来向“邻居”形容自己**？

这些问题的落脚点，就在于：**社会主义核心价值体系建设，重塑中国人的精神！**

社会主义核心价值体系重在建设。**改革创新精神、载人航天精神、北京奥运会和残奥会精神……**一系列伟大的新精神，进一步丰富和发展了社会主义核心价值体系的内涵！

正是通过社会主义核心价值体系，中国共产党引领社会思潮，**教育人民、服务社会、推动发展，**再造新国民性格，重塑中国人的气质和精神。

地铁

中国人精神

这十年，新世纪新时期新阶段，中国处于社会转型的急遽变化之中：改革开放进入深水区，多元化思潮泛滥，文化断裂，传统衰落，价值多元化，社会秩序失范……

中国人陷入严重的精神危机！从个人到国家都需要一种精神，团结奋斗、追求目标、实现自我。

直面这种重大的社会现实和精神问题，2006年10月，党的十六届六中全会明确提出“社会主义核心价值体系建设”的重大战略！

在社会主义核心价值体系中，马克思主义指导思想是**灵魂**，中国特色社会主义共同理想是**主题**，民族精神和时代精神是**精髓**，社会主义荣辱观是**基础**——它们相互联系、相互贯通，构成了有机统一的整体。

变化发展2012

胡锦涛指出，**社会主义核心价值体系是我国指导思想、共同理想、民族精神、道德观念**的集中体现，是社会主义精神文明建设的基本内容。建设社会主义核心价值体系，形成全民族奋发向上的精神力量、团结和睦的精神纽带，是增强民族凝聚力和国家软实力的客观需要。

通过社会主义核心价值体系建设，中国共产党用崭新的精神重新塑造中国人的精神——这种精神的“变化”让世界惊讶！

每一个来过中国又离开的人，当再次来到中国时，都会为中国人的精神变化而震撼！

就像一个常驻中国的外国记者所认为的那样：**中国这些年发生的变化最大、最深刻的是每个普**

社会主义核心价值体系建设

通的中国人；他们脸上展示着自信、自豪、自强等新的“中国人精神”！

这种新的“中国人精神”，表现在汶川地震、雪灾、洪水等重大事件中，一方有难，八方支援，万众一心，捐款捐物，共同与灾难抗争，**撼山易、撼中国人难！**

这种新的“中国人精神”，表现在我们成功举办了奥运会、世博会等一系列国际盛事，高规格、高效率的承办场地，任劳任怨的志愿者精神，全民热情参与，并为之自豪。

这种新的“中国人精神”，表现在无私奉献、乐于助人的雷锋精神中。全国掀起学雷锋活动热潮，涌现出一批先进典型，全社会正在形成一个互助友爱的“最美热”好氛围。

这种新的“中国人精神”，表现在特别能吃苦，特别能攻关的航天事业中，为了“神九”的成功，全体航天人刻苦攻关，十几年如一日；全国人民为支援国家建设，**奋斗在各行各业**，为了追求美好的生活，永不言败，努力奋斗。

这种新的“中国人精神”，**表现在践行社会主义荣辱观中**。在社会主义荣辱观的指导下，全国人民自发地以此为准绳，严于律己，作为个人道德规范的一部分，正在形成积极向上的精神风貌。

这种新的“中国人精神”，表现在冷静应对国际金融危机的冲击，并使之化为应对危机的强大动力，着实让西方震撼。英国《观察家报》评价，如今**在中国几乎“到处感到自信的气息”**。

……

中国共产党通过社会主义核心价值体系建设，**把自身的信仰追求转化为全国人民自发自觉的行动，**把全党全国人民团结奋斗的社会主义共同思想，转化为中国人日常化、行为化的公民道德准则和人生观、价值观、世界观、审美观……

于是，在中国特色社会主义道路上，有着伟大精神的中国人，正在自信、乐观、坚强地走向世界！

于是，小格格一家仨和杰瑞，在变化中的中国中发现、探索和思考时，终于理解了这个问题：为什么要推动以八大新精神为核心的社会主义核心价值体系建设？

因为，**它能领导社会思潮，重塑国民精神，再造国民气质，提升中国人的公民素质和国际形象，再造“伟大的中国人”！**

NO.1

我爱北京天安门：

以爱国主义为核心的民族精神

这是坚定不移地高举爱国主义伟大旗帜，不断弘扬以爱国主义为核心的伟大民族精神的十年。

这十年，爱党、爱国、爱社会主义有机统一，形成了新时期的**现代爱国主义观**。

这十年，建设中国特色社会主义，**建设富强、民主、文明、和谐的社会主义现代化国家，**成为爱国主义的核心主题。

这十年，爱国主义的旗帜再次指向中华民族的伟大复兴——爱国主义成为民族精神的核心，民族精神成为中国人的灵魂。

这是中国共产党成为最大的**爱国主义集团，“以爱国主义教育为重点，深入进行民族精神教育”**，在社会主义核心价值体系建设中，重塑中国人特别是**80后、90后、00后**的精神的十年。

胡锦涛在纪念辛亥革命100周年大会上的讲话指出，要实现中华民族的伟大复兴，必须坚定不移高举爱国主义伟大旗帜。

爱国主义是实现个人理想和人生价值的力量源泉，是鼓舞中国人民奋斗的精神旗帜，是维护祖国统一和民族团结的纽带，是推动中国社会进步的动力支持，是实现中华民族伟大复兴的精神支柱。

中央党校教授李君如说，共产党人给爱国主义赋予了现代化的新意，当代中国共产党人弘扬的爱国主义，是以“振兴中华，赶上时代”为使命的。

改革开放30年，爱党、爱国、爱社会主义有机统一，形成了新的现代爱国主义观。

新世纪第一个十年，爱国主义的主题成为发展中国特色社会主义，建设一个富强、民主、文明、和谐的社会主义现代化国家。

一位参加中国“红色旅游”的外国人埃里克·谭评论说：“我遇到的教师和年轻干部的爱国主义精神让我感动。我感觉到他们相信，命运赋予了他们把中国发展成一个超级大国的重任。”

能否坚持和弘扬以爱国主义为核心的民族精神，直接关系到建设中国特色社会主义事业和社会主义现代化事业的成败。

在全球化背景下，爱国主义的旗帜再次指向中华民族的伟大复兴——爱国主义成为民族精神的核心，民族精神成为中国人的灵魂和主心骨。

这是中华文明绵延不衰的基因。唯有坚持它，才能使我们整个民族有独特的精、气、神，国家才能站得稳、立得直。

于是，中国共产党提出的《公民道德建设实施纲要》指出：要引导人们发扬爱国主义精神，提高民族自尊心、自信心和自

豪感，以热爱祖国、报效人民为最大光荣，以损害祖国利益、民族尊严为最大耻辱。

胡锦涛指出，在实现中华民族伟大复兴的征程上，我们一定要大力弘扬爱国主义精神，巩固和加强全国各族人民的大团结，巩固和加强海内外中华儿女的大团结，巩固和壮大最广泛的爱国统一战线，促进政党关系、民族关系、宗教关系、阶层关系、海内外同胞关系的和谐，广泛凝聚中华民族一切智慧和力量，团结一切可以团结的力量，万众一心为实现中华民族伟大复兴而奋斗。

《人民日报》评论道:“大力弘扬民族精神和时代精神，……

爱社会主义

才能传承中华民族历经磨难而不倒、饱经风霜而弥坚的精神实质，不断拓展我们民族自强不息、团结奋进的精神内涵，不断增强我们民族的自尊心、自信心和自豪感，使各族人民始终凝聚在爱我中华、振兴中华的旗帜下。”

以爱国主义为核心的民族精神，是新时期社会主义核心价值体系建设的重要内容。

这十年，中国共产党成为最大的爱国主义集团，“以爱国主义教育为重点，深入进行民族精神教育”，在社会主义核心价值体系建设中，重塑中国人特别是80后、90后、00后的精神。

胡锦涛在纪念中国共产主义青年团成立90周年大会的讲话中指出，爱国主义旗帜感召和凝聚了一代又一代青年为祖国和人民忘我奉献。只有弘扬爱国主义精神，广大青年才能激发出经久不息的奋斗热情，中国青年运动才能获得源源不断的精神力量。

爱国，不仅仅是年轻一代的义务和责任，更是他们的权利！

变化
当代爱国观

爱国主义是民族精神的核心。高扬爱国主义精神，是最大限度地凝聚和动员全民族的力量为振兴中华而奋斗的必然要求。在当代中国，爱国主义同社会主义是紧密结合的。要在爱国主义、社会主义旗帜下，倡导一切有利于民族团结、祖国统一、人心凝聚的思想和精神，倡导一切有利于国家富强、社会进步、人民幸福的思想和精神，倡导一切用诚实劳动创造美好生活的思想和精神，把包括知识分子在内的工人阶级、广大农民以及社会各阶层人们的智慧和力量，都凝聚到全面建设小康社会的实践中来，不断增强中华民族的凝聚力。

——胡锦涛（在全国宣传思想工作会议上的讲话）

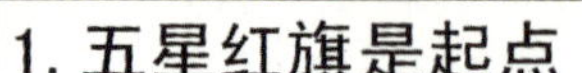

1. 五星红旗是起点

杰瑞，如果你想感受一下这些年中国发生的巨大变化和新精神风貌，天安门可是首选。那里是我们新中国成立的起点，明天一大早我们就去看升旗，看着五星红旗与太阳同时升起。鲜艳的五星红旗，是爱国主义的最好代表。

在革命时期，五星红旗是先烈为争取中国独立自由、抛头颅洒热血的结晶；在和平时期，五星红旗是鼓舞人民团结奋斗的旗帜，把建设中国特色社会主义事业不断推向新高潮。

北京天安门广场上的五星红旗已经飘扬了六十多个春秋，它将在我们心中继续飘扬。这六十多年里，国家发生了翻天覆地的变化，鲜艳的五星红旗见证了祖国的发展和壮大。它是我们的骄傲和自豪，将永远激励着我们为祖国繁荣而奋斗，为国家富强而拼搏。

2. 天安门：时代的见证
一大早天安门广场上人山人海！所有人都汇聚在这里，等着看五星红旗冉冉升起……天安门曾是中华民族遭受屈辱和奋斗与抗争的见证者，如今成为显示中华民族凝聚力、国家繁荣昌盛的象征，爱国主义精神在这里得到凝聚和升华。中国13亿人都心系于这一片圣地，因为这是中国共产党带领人民站起来、走向世界的地方。
中华人民共和国万岁
这里就是见证了东方红的地方！一切都从这里开始！当年这里升起了第一面国旗，从此中国在世界上以全新的独立自主的面貌亮相！今天，站在这里，一种民族自豪感油然而生。
1919年5月4日，爱国青年学生云集在这里，举行游行示威，喊着“外争国权、内惩国贼”、“还我青岛”的口号……从那以后，“五四精神”成了青年的爱国象征。
敬礼！
爱国主义是伟大民族精神的集中体现，是伟大的“五四”精神的核心内容。爱国主义旗帜感召和凝聚了一代又一代青年为祖国和人民忘我奉献。
升好祖国第一旗，凝聚亿万爱国心。升旗仪式已成为天安门的最大景观，成为我们接受爱国主义教育、激发民族精神的一种特殊形式。
只有弘扬爱国主义精神，广大青年才能激发出经久不息的奋斗热情，中国青年运动才能获得源源不断的精神力量。

3. 人民英雄永垂不朽
老师说过，这个碑就代表了人民英雄！没有人民英雄就没有我们今天的幸福生活！
1949年新中国成立后，为纪念那些为我们创造今天的幸福生活而牺牲的英雄们，中央人民政府在天安门广场建立了人民英雄纪念碑；它上面的浮雕生动地纪录了英雄的中国人民为国家独立、富强而奋斗的爱国历程……
“虎门销烟”、“金田起义”、“武昌起义”、“五四运动”、“南昌起义”“抗日战争”等，展现了不同历史时期的爱国主义和民族凝聚力……
向伟大的人民英雄敬礼！
从近代到现代，爱国主义的精神内涵，经历了“救亡”与“启蒙”、“自强”与“求富”、“民族独立”与“国家富强”等不同阶段的发展……
“一条大河波浪宽……”老师说过，在这条波澜壮阔的历史长河中，曾经有多少人民英雄前仆后继，流泪、流汗、流血，为爱国主义注入了不同的活力、动力！现在，轮到我们了！
不会吧，格格，你还那么小！“必须始终尊重青年主体地位”—— 所以，以你杰瑞哥哥为代表的90后，才有能力履行爱国的义务，行使爱国的权利。与时代并肩前行，走在祖国和人民前进队伍的行列中……你？跟在后面！

4. 新青年，新爱国观

哈，我们00后才是“早晨八九点钟的太阳”！世界是你们的，也是我们的，但是，归根结底，还是我们的！
我们国家历来提倡“天下兴亡，匹夫有责”，爱国主义在历史长河中不断发展。在近代，中国共产党领导中国人民实现了国家独立，建立了社会主义制度。新时期，提倡爱国主义，就是要全力建设中国特色社会主义。
爱国不分年龄。每一代青年都能用自己的热血、热汗和青春，书写属于自己时代的、彪炳史册的壮丽篇章！比如，党的十六大以来，在全党都“关注青年、关心青年、关爱青年”之中，我们70后，就充分发挥聪明才智、尽情展现人生价值，让自己的青春在为党和人民建功立业中焕发出绚丽光彩。

切！是不是你们的，还是我们80后说了算！邓小平说，“青年一代的成长，正是我们事业必定要兴旺发达的希望所在。”我们才是伴随改革开放成长起来的一代新人！
“当代青年是无比幸运的一代，又是责任重大的一代。祖国发展的巨大成就为青年成长进步创造了良好条件，祖国建设的艰巨任务为青年大展身手提供了广阔舞台”……

我们要“以坚定的信念、宽广的胸怀、创造的激情、务实的态度，踊跃投身改革开放和社会主义现代化建设伟大实践，努力做科学发展的奋力推动者、和谐社会的积极构建者，用自己的双手为全面建设小康社会、建成富强民主文明和谐的社会主义现代化国家奉献力量，谱写中国青年运动浓墨重彩的新篇章”。这，就是我们应该坚持的“新青年，新爱国观”！

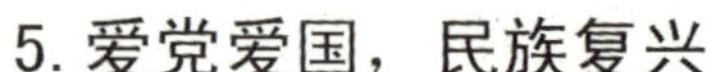

自鸦片战争以来，中国人民就面临着两个课题：一是民族独立和人民解放；二是实现国家繁荣富强和人民共同富裕……

中国共产党第一次把马克思主义与爱国主义、爱国主义与社会主义、社会主义与实现民族解放、民族复兴相结合，发展成为现代的新爱国主义……而在当代中国，胡锦涛指出，爱国主义就是要不断发展中国特色社会主义，在改革开放中加快推进社会主义现代化建设，全面建设小康社会，把中华民族伟大复兴的宏伟蓝图变成美好现实。

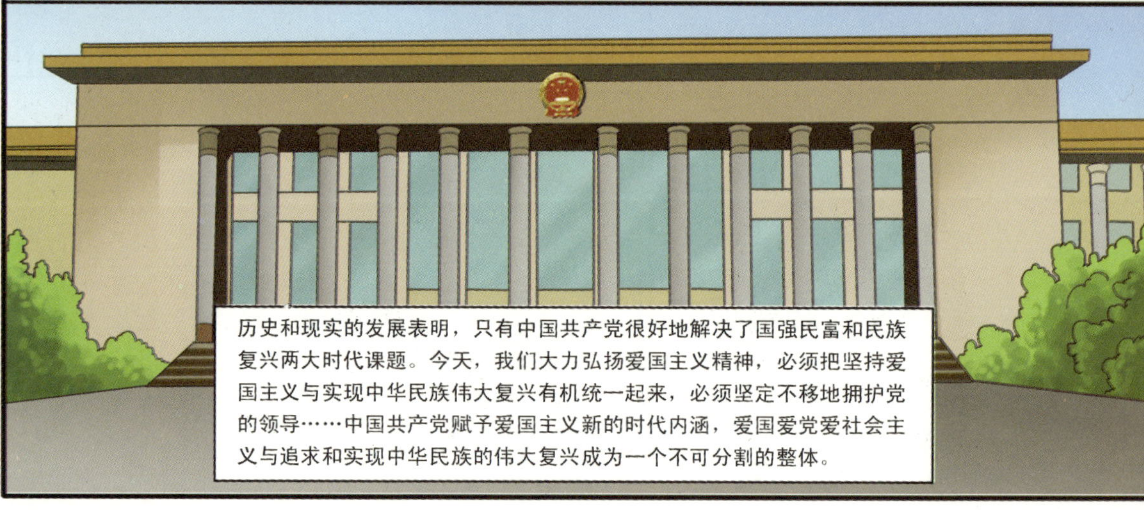

6. 以爱国主义为核心的民族精神

7. 民族精神的历史轨迹

胡锦涛在纪念中国共产主义青年团成立90周年大会上的讲话中指出，人民是推动历史前进的根本动力。人民创造历史的丰富实践，是青年磨砺意志、增长才干的最好课堂。与人民相结合，拜人民为师，向人民学习，是青年健康成长的必由之路。只有投身人民伟大实践，广大青年才能站稳最基本最扎实的政治立场，中国青年运动才能拥有最强大最深厚的前进动力。

8. 国旗每天都升在我们心中
看，守卫国旗的叔叔！
不，他们不只是在守护国旗，他们是在守护国家，守护我们幸福的生活！
咔嚓！
天安门国旗班的部分退役老兵曾经来过我们学校，举行庄严的升国旗仪式——老师说，他们恪守着“护卫国旗，重于生命”的承诺，秉承着“升好祖国第一旗，凝聚亿万爱国心”的爱国追求，日复一日地默默地坚持着。
国旗可以跨越时空，可以跨越国界，更可以超越一切私心杂念，超越一切生活烦恼。国旗给人一种向往、一种追求、一种力量、一种尊严。国旗将永远铭刻在我心中，永远激励着我为祖国而奋斗，为富强而进取，为安宁而拼搏。——一位共和国的守卫者
是呀，他们身上散发出来的气质，就是中华民族的民族精神。优秀的民族精神具有强大的向心力和凝聚力，能够使我们永远保持独特的精、气、神。这是中华文明长盛不衰的DNA。它已经融入到我们每个中国人的血液里，“每一天，国旗都会在每一个普通的中国人心中升起”：唯有国旗升起的时刻是神圣的，神圣得让人找不到自我；唯有国旗旁边的目光是真诚的，真诚地告诉你什么是爱国情结。
让我感动的，还有一对普通的夫妻，守岛25年，每天升国旗。每天清晨6点30分，在被称为 “黄海前哨”的开山岛上，他们来到小岛的最东边：立正、敬礼……初升的太阳照耀在只有0.012平方公里的海岛上，也照耀着海风中飘扬的五星红旗。像他们一样，我们每一个人，都是守护者！

9. 我与祖国共奋进

我们要像建国60周年庆典上的三军仪仗队旗手，昂首自信，每一步都坚毅非常，手持的五星红旗迎风飘扬，勇往直前……

人们从长城内外到大江南北，因为一个庆典汇聚到天安门广场！这是我能想到的作为中国人为祖国所做的最伟大的小事。

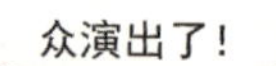
那是我终身难忘的经历！游行的队伍很大很壮观，为了把队伍训练整齐、摆出造型，我们10万人在庆典前演练了好多次呢！10万人呐！零失误！每一个人每一个步骤都做到了极致！再也没有比这更完美的群众演出了！

一个很大的困难，除以13亿，便变得微不足道；一个很小的关爱，乘以13亿，就会成为爱的海洋；13亿心连五洲、身达四海的中国人，把所有的力量汇聚起来，就会造就一个伟大的时代奇迹！

是的，“我与祖国共奋进”：我们热爱祖国，并愿意为之奋斗、为之自豪……我们组成36个方阵、60辆彩车，分别展示着“改革开放”、“世纪跨越”、“科学发展”、“辉煌成就”、“锦绣中华”、“团结奋进”、“美好未来”等主题，尽情抒发着对祖国的热爱、骄傲和自豪！

10. 重塑中国人的精神
这次大阅兵，让全体中国人心潮澎湃，为祖国的日益强大而感到由衷的高兴和自豪。
它把我们的爱国主义情怀升华到了一个前所未有的高度，把中华民族伟大复兴的自信心推向了一个新的时代高潮。60周年国庆大阅兵，阅出了中国人的气势、阅出了中国人的爱国热情，更是阅出了中国人的精神！
就像郑向铮所写的：在这场气势恢宏的大阅兵中，我看到了祖国母亲是那样从容而自信地屹立在全世界面前，我看到了每个中国人心中的无比荣耀和自豪，也看到了那一张张撼动人心的面孔……向全世界宣告，我们中国人能行！
“在60年国庆大阅兵上我看到的就是这一张张撼动人心的面孔，此时我们向全世界展示的不仅仅是精锐的部队、高端的武器，更是中国人的精神，中国人脸上闪耀的不屈不挠的精神。这些面孔只是60年国庆大阅兵上的一个缩影，但这些面孔却代表了每一个为祖国奉献力量的角色，每一个拼搏向上的中国人，每一段为新中国激情燃烧的青春。”
美国《国际先驱论坛报》评论说：10月1日是中国人为之自豪的一天。当问北京居民他们为何爱自己的国家时，他们提到了经济实力和国际地位上升、中国五千年历史、富有活力的文化和民族团结。
胡锦涛指出，实现中华民族伟大复兴，离不开全体中华儿女的团结奋斗，也是全体中华儿女义不容辞的职责。伟大的时代召唤着青年，辉煌的事业期待着青年。党和人民坚信，我国各族青年一定会不负重托、不辱使命，在全面建设小康社会、坚持和发展中国特色社会主义、实现中华民族伟大复兴的征程上创造更加壮美的青春业绩。
我们，一起奋斗！

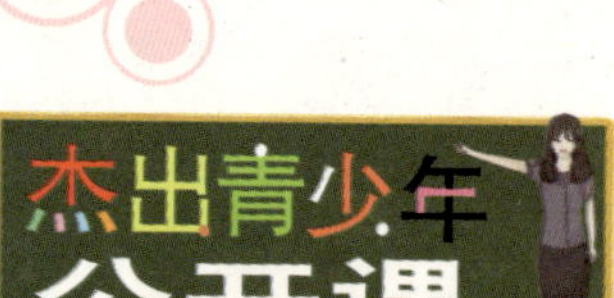

杰出青少年公开课

以爱国主义重塑民族精神

以爱国主义为核心的民族精神

胡锦涛说："中华民族是具有伟大民族精神的民族。"

党的十六大报告总结说，几千年来，中华民族形成了以爱国主义为核心的团结统一、爱好和平、勤劳勇敢、自强不息的伟大民族精神。

胡锦涛指出，辛亥革命100年来的历史表明，爱国主义是中华民族精神的核心，是动员和凝聚全民族为振兴中华而奋斗的强大精神力量。

NO.1　民族精神与爱国主义

著名学者张岱年认为，"民族精神乃是民族文化、民族智慧、民族心理和民族情感的集中体现，是一个民族价值目标、共同理想、思维法则和文化规范的最高体现。"爱国主义是民族精神的核心，是民族精神的最高政治原则，是贯穿中华民族上下五千年发展的脉络。

NO.2　共产党赋予爱国主义新内涵

在中国传统中，爱国主义被诠释为"天下兴亡，匹夫有责"；革命时期，在中国共产党的领导下，推翻压在中国人民头上的"三座大山"，实现国家独立自由是爱国主义；这十年，坚定不移地走改革开放的道路，把建设中国特色社会主义事业不断推向前进，是爱国主义……中国共产党赋予了爱国主义以新的时代内涵。

NO.3　当代中国的爱国主义

胡锦涛说：在当代中国，爱国主义就是要不断发展中国特色社会主义，在改革开放中加快推进社会主义现代化，全面建设小康社会，把中华民族伟大复兴的宏伟蓝图变成美好现实。

NO.4　民族精神的新特点

2005年，胡锦涛在纪念中国人民抗日战争暨世界反法西斯战争胜利60周年大会上把民族精神的新特点归纳为:“坚持国家和民族利益至上、誓死不当亡国奴的民族自尊品格,万众一心、共赴国难的民族团结意识,不畏强暴、敢于同敌人血战到底的民族英雄气概,百折不挠、勇于依靠自己的力量战胜侵略者的民族自强信念,开拓创新、善于在危难中开辟发展新路的民族创造精神,坚持正义、自觉为人类和平进步事业贡献力量的民族奉献精神。”

NO.5 坚持爱国主义这面旗帜

党的十七届六中全会指出,爱国主义是中华民族最深厚的思想传统,最能感召中华儿女团结奋斗。

2012 年 5 月,《北京日报》撰文道,中国要实现现代化,必须坚持爱国主义这面旗帜。

NO.6 新时期的爱国主义

胡锦涛在北京大学建校 110 周年来到北京大学与师生座谈,提出了新时期大力弘扬爱国主义精神的新要求:“时刻心系民族命运、心系国家发展、心系人民福祉,使爱国主义精神在新的时代条件下发扬光大。”

NO.7 加强理想信念教育

党的十六届四中全会强调:“加强理想信念教育,弘扬以爱国主义为核心的民族精神和以改革创新为核心的时代精神,弘扬集体主义、社会主义思想,使全体人民始终保持昂扬向上的精神状态。”

NO.8 坚持爱党、爱国与爱社会主义的统一

《人民日报》指出,通过历史和现实的发展表明,只有中国共产党很好地解决了中华民族救亡和发展两大课题。今天,我们大力弘扬爱国主义精神,必须把坚持爱国主义与拥护中国共产党的领导有机统一起来,坚定不移地拥护党的领导。

60 年来最重要的一条经验,就是坚持爱党、爱国与爱社会主义的统一,大力弘扬爱国主义精神。

中国共产党用民族精神重塑中国人的精神

党的十六大提出,民族精神是一个民族赖以生存和发展的精神支柱。以爱国主义为核心的民族精神,在危难时刻尤其能彰显它的价值。建设社会主义核心价值体系,关键要弘扬民族精神这个主心骨,增强民族凝聚力。

这十年,社会主义核心价值体系建设,为爱国主义和民族精神注入了新鲜血液;这种精神统一在建设中国特色社会主义伟大事业中,激励着中国人在建设富强、民主、文明、和谐的社会主义现代化国家道路上不断开创新的辉煌。

NO.2

从时代先锋到创新型国家：

以改革创新为核心的时代精神

这是以改革创新为核心的时代精神推动中国奋发图强，不断开创中国特色社会主义事业新局面的十年。

这十年，中国共产党进行制度创新、管理创新、文化创新，培养创新型人才，建设创新型国家。

这十年，中国人解放思想，实事求是，开拓创新，勇立潮头，成为时代先锋，不断创造中国奇迹。

这十年，中华民族在以改革创新为核心的时代精神的激励下，激发出巨大的创造力，促进社会全面进步，迅速成为国际舞台上一支举足轻重的力量。

这是改革创新精神激发社会活力，全面建设小康社会取得巨大成就的十年。

勇立潮头

胡锦涛在庆祝“神舟”七号载人航天飞行圆满成功大会上的讲话中指出，必须在全社会大力传播科学知识、科学方法、科学思想、科学精神，倡导敢于创新、勇于竞争、诚信合作、宽容失败，使改革创新精神在全社会蔚然成风。

这十年，以改革创新为核心的时代精神已经融入到社会生活的各个领域。

在执政力的建设中，党不断加强先进性建设，再造执政力；在航天领域，无数航天人发挥创新精神，勇攀科技高峰；在日常生活中，普通人发挥着自己的聪明才智，创造崭新业绩……

创新驱动

胡锦涛指出，**必须坚持解放思想、实事求是、与时俱进，大力培育改革创新意识、增强改革创新勇气，不断推进理论创新、制度创新、科技创新、文化创新以及其他各方面创新，努力使改革步伐持续迈进、创新成果不断涌现。**

这十年，中国共产党在转型的关键时期，将改革创新的时代精神融入国家建设当中，以创新为动力，打造创新型中国；以改革为手段，深挖中国潜力。

2006年1月，胡锦涛在全国科学技术大会上提出“提高自主创新能力、建设**创新型国家**”的重大战略目标。

2012年，胡锦涛再次重申：“抓好实施**创新驱动发展战略**……全面深化经济体制改革，不断增强长期发展后劲。”

以改革创新为核心的时代精神是建设社会主义核心价值体系的精髓，是当代中国不断创造奇迹的力量源泉，是中华民族走向繁荣昌盛的精神动力。

这十年，以改革创新为核心的时代精神领导中国，塑造一个永远走在世界前列的民族心态；

这十年，以改革创新为核心的时代精神重塑执政党，旨在打造一个真正实践科学发展观的先进政党；

这十年，以改革创新为核心的时代精神再造中国人，就是要引导中国人自我超越，自我创新，敢于做时代的弄潮儿。

广大青年一定要大力发扬以改革创新为核心的时代精神，有那么一种勇立潮头的浩气，有那么一种超越前人的勇气，有那么一种与时俱进的朝气，立足岗位、立足实际，讲求科学、讲求方法，把创新潜能充分发挥出来，为推动理论创新、制度创新、科技创新、文化创新以及其他各方面创新贡献聪明才智。

——胡锦涛（在纪念中国共产主义青年团成立 90 周年大会上的讲话）

变化
与时俱进

1. 与时俱进的名片

1958年，人民大会堂刚刚建设完毕，国家大剧院就作为国庆献礼项目被提上了日程，但到2007年12月才正式建成投入使用……出了国家大剧院，便到了人民大会堂，这二者只有一街之隔；然而这两个建筑，却跨越了不同的时代，联结着两个世纪。

2007年9月25日晚，天安门西、长安街南侧的国家大剧院，迎来了它的首次试演——中央芭蕾舞团的《红色娘子军》。《红色娘子军》承载着中国共产党的革命记忆，是属于一个政党奋斗的记忆。国家大剧院，被称作现代的代名词。一个经典，一个现代，在舞台上完美地结合起来，构造出一个视觉与听觉的盛宴。这场视听盛宴的背后是一个政党与时俱进，改革创新的时代强音。

2. 水晶蛋壳
矮油，还倔着呢！上次我为了补偿你，专门来看了个小短剧！哪个还舍不得离开剧场来着?!
好啦！咱们开开心心去潮一把！
国家大剧院，可是21世纪伟大的作品，造型独特，设施超现代化。它的设计方案是改革创新的结果。碧波粼粼的水面上浮着一个水晶球，给人带来无限的想象，充满诗意和浪漫……
看，大金蛋！错落有致的钢铁苍穹，划出一道道韵律感十足的美丽弧线；仰望的是北京秋季蓝天白云的天空，平视的是紫禁城的红墙，长安街上的车水马龙也尽收眼底……

3. 每一步都震撼

这个蛋？明明是蓝色的蛋壳！唔……不过大白天蓝得清澈，倒是挺通透！很净化灵魂！
我最喜欢夕阳下它是大金蛋的样子了，看着就觉得会孵出个惊喜来！——不过，真想来个锤子敲一下！
国家大剧院的效果确实很震撼，代表中国一种新的形象。对外国人来说，中国建筑不再仅仅是故宫。中国到了表现自己的时候。
一个现代化的国家大剧院，代表的是中国文化的进步，代表的是中国人的精神面貌，每走一步都具有极其重大的象征意义。比如，“面向世界”大招标！在中国心脏位置上招国际标，在中国这是第一次！足以展现中国共产党的自信与开放。单单一份国家大剧院的设计，就让我们看到了一个国家的改革创新精神：开放的心态，大胆的思维，小心地求证，就是中国共产党人改革创新精神的关键所在。
但剧院不都是长方形的吗？据说那样的形状可以让声音最完美！
这个蛋形，天水一色，声响效果怎么会如此完美呢？
傅英杰说过，从国家大剧院开始，很多大建筑也开始使用新的建筑手法。从这个角度来说，国家大剧院对北京，乃至中国都是具有里程碑意义的，将很多不可能变成了可能。中国人自己，所受到的震撼也是巨大而具体的。建筑是对公众最好的教育，中国普通公众对建筑的兴趣和关注就是从国家大剧院开始的……
我明白了，圆形就是潮点呐！声效最大，景观最优。

4. 从科技创新到文化创新
硕大的蛋卧在蓝天碧水间，像是一滴晶莹的水珠，又像是一颗“水上明珠”啊！这个难道就是《诗经·蒹葭》的“宛在水中央”的意境？！
有道理！国家大剧院就是水中的伊人，不对，歌剧院里的人民艺术就是我们寻求的伊人！领袖生的眼光果然不同凡响。话说你什么时候这么精通中国古典文化了？
喂喂，“蒹葭苍苍，白露为霜。所谓伊人，在水一方。溯洄从之，道阻且长；溯游从之，宛在水中央。”是讲伊人难求唉！国家大剧院哪里是求不得的，高雅艺术也是咱中国人的囊中物！
国家大剧院这样一个中国与世界接轨、代表世界当代先进建筑水平的宏伟建筑，从“科技”到“文化”，提供了一个勇于创新、勇于改革的绝佳平台：依靠科技创新精神，把一个周长610米的连续墙埋在了几十米深的地下，使得国家大剧院实现了“顶部最高点不能超过天安门和人民大会堂，只能向地下空间发展”的要求。依靠文化创新，首部自制剧目《图兰朵》受邀参加“韩国国立歌剧院2011演出季”开幕演出，亮相首尔艺术中心……

5. 从“中国”到“人民”剧院
从周恩来总理建造国家大剧院的计划，到国家大剧院的落成，经历了50多年，是改革创新精神让总理的“国家大剧院梦”得以实现……创新是一个民族进步的灵魂，是一个国家兴旺发达的不竭动力，也是一个政党永葆生机的源泉。
一想到妈妈说的这个梦50多年后才实现，就有点伤感。不过想想爸爸说的，国家大剧院通过科技创新攻克了七大技术难题，终于造就了一座堪称传统与现代、浪漫与现实完美结合的国际文化新地标，就又有些自豪！我们生在了这样一个梦想可以实现的时代！
是啊，因为改革创新，中国人站在新的梦想地平线上！它让中国国家大剧院，能在国际上成为真正的“中国”国家大剧院：“今天走出去的是中国公主《图兰朵》，明天就可能是《西施》等中国原创的优秀剧目，为中外文化搭建桥梁。”它也能让中国国家大剧院真正成为中国人民的“国家剧院”：“我们有决心把国家大剧院变成是真正人民的剧院，让大家觉得这是自己的文化之家……”

6.《少年孔子》
是啊，什么时候，国家大剧院能让大家觉得这是自己的艺术之家？我们可以花很少的钱，甚至不花钱，到这个剧院来享受我们应该享受的那一份文化和艺术上的瑰宝！
海 报
我想如果国家大剧院不能做到这点，国家大剧院就不是一个成功的剧院。
我想会的。国家大剧院的成长令人欣喜，它已经自信地发出了自己的声音。这颗新星将会崛起，并成为世界文化交流和中国人文化享受的重要组成部分。
咱俩怎么像爸爸妈妈一样背书袋、抄资料了？没劲！话说，你什么时候请本美女去看《少年孔子》啊？它将在国家大剧院公演5场，亲，小雨姐姐也要化身主持人的噢：“这部戏太让我感动了，真是一部好戏。舞台、道具、灯光、剧情都很美。剧中，宽厚的孔丘、可爱的九丫、霸气的牛轰让我印象深刻！”
小雨姐姐是谁？我们很熟吗？怎么从来没有听你说过？托，一定是个托！

7. 神奇的舞台
切！你等着！
哇！LED超大屏幕背景，气势恢宏的舞蹈，现代感十足的音乐……
大马，大马！看，这就是大家说的最漂亮的大马，真灵活啊！传说中高2.5米、长3.2米的大马……特技效果太棒了！
太神奇了！它完全就是世界最一流的剧院！这是个充满奇迹的地方！
下面由杰瑞为你现场播报：最后出现的这匹大马，使用200多个螺丝钉，模拟真马的各个关节，惟妙惟肖地还原了马的各种姿态！它将舞台道具与机械原理相结合，突破了木偶表演中对木偶的大小限制和空间限制，在传统木偶与舞台剧的结合上进行了探索创新……这种崭新的舞台效果也是我们国家改革创新精神的体现。

8. 建设创新型国家
这你就惊叹了？更精彩的还在后面呢！国家大剧院，可是一个“创新的殿堂”，创新体现在每一个故事、每一个细节之中……
大剧院的原创歌剧《西施》、《赵氏孤儿》和原创话剧《王府井》，都是立足于中国这片深厚的土壤，立足于坚忍、奉献、仁义、勇敢、不屈的中国精神创作而成的中国故事、中国礼赞。首部青春版昆曲《红楼梦》也以新颖的音乐形式，赢得了阵阵掌声……
比起技术的创新，文化的革新，更给力！
没错，尤其是那些“具有时代精神的精品力作”、优秀原创现实题材剧目登陆国家大剧院，以歌舞剧、话剧、花鼓戏、豫剧、山东梆子等中国民众喜闻乐见的艺术形式，通过艺术家、工程师、士兵、警察，以及“进城淘生活”的农民工等贴近社会现实生活的艺术形象，讴歌了人世间的真、善、美，传达正义、真诚、善良的人生观，对于呼唤中华民族传统美德，推进社会主义核心价值体系建设具有重要意义和影响。
那是！我们国家现在正在全力建设创新型国家，要全面提高自主创新能力。不仅这国家大剧院，就连最先进的“神九”技术也是自主创新的。建设创新型国家，推动经济增长方式转型，尽快实现社会主义现代化，让我们中华民族与时俱进，散发出崭新活力。

9.重塑国民审美观
哇！那么多人一起听，会影响效果吗？
这真的是让人民走进艺术，让剧院成为人民的剧院！你还不知道吧！国家大剧院最壮观的不是咱们这个戏剧场，而是歌剧厅，那可是个能容纳数千人的大歌剧院！
当然不会！即使是坐在最后面的听众，也能感受到最美妙的歌剧！黄金两秒钟的混响时间，可以让近3000名观众一起参加听觉盛宴！这只是一个细节，体现了“国家大剧院是全国人民的”思路：我们要努力让尽可能多的人能够走进国家大剧院……
不要光说有啥好玩的，格格美女现在带你时空穿梭。这大剧院早就是我的地盘了！
看看，这里咋样？这可是“剧院中的城市，城市中的剧院”的设计理念。
满眼的艺术展览，近距离的艺术演出，让我感觉自己从之前的艺术欣赏，变成了艺术参与的一份子。截然不同的感受，完全两样的感觉，让我一下子不明白自己到了哪儿，难道真的时空穿梭了？
为公众提供更丰富的艺术体验活动，对大众进行艺术普及教育，不仅能够培养未来的观众和引导文化消费，也有助于提升人们对文化生活品质的认识，重塑国民审美观亦即整个民族对美好事物的欣赏水准与情趣……这是社会主义核心价值体系建设重塑中国人精神的重要路径。

10. 时代精神融入生活
我们坐地铁一号线回家啰……
杰瑞，考考你，你知道我们坐的地铁上面是哪儿吗？
上面？是国家大剧院吧？
Bingo!
大剧院的下面有间排联室，里面装了大量弹簧，做成了一个巨大的减震器，解决了噪音问题！
地铁的噪音难道不会影响剧院的演出吗？很多古老的剧院就是因为这样才被弃用的！
太聪明了！办法真新意！大剧院的发现之旅太让我长见识了，果然潮爆！
现在改革创新已经成为新的时代精神，在时代精神的召唤下，我们每个人都蕴藏着创新的潜力。创新精神已经成为中国人生活的重要部分，很多人发挥自己的创造力，不断超越，创造自己的新生活。勇于变革，敢于创新，是我们民族吐故纳新的重要推动力……

以改革创新重塑时代精神

改革创新精神

胡锦涛在庆祝“神舟”七号载人航天飞行圆满成功大会上的讲话指出：改革创新精神是改革开放培育造就的伟大精神，也是推进改革开放须臾不可缺少的奋斗精神。只有锐意改革、不懈创新，才能不断开拓事业发展的广阔前景，才能使我们的国家、我们的民族、我们的党不断增添发展进步的蓬勃活力。

以改革创新为核心的时代精神，是马克思主义与时俱进的理论品格、中华民族开拓进取的思想品格与改革开放和现代化建设实践相结合的伟大成果。

它是实现科学发展观的重要动力，为中国社会的全面进步提供力量源泉，为塑造自信坚强的中国人提供动力。

NO.1 时代发展

胡锦涛2006年访美时在耶鲁大学发表演讲指出：“现时代中国强调的以人为本、与时俱进、社会和谐、和平发展，既有着中华文明的深厚根基，又体现了时代发展的进步精神。”

NO.2 理论创新

党的十六大报告指出：“创新是一个民族进步的灵魂，是一个国家兴旺发达的不竭动力，也是一个政党永葆生机的源泉。”

中央党校教授张荣臣说：“世界上没有哪个政党像中国共产党这么强调理论创新。无论是革命、建设、改革，包括执政，中国共产党每走一步都是新的东西，没有现成的经验可以借鉴。”

NO.3 治国理政

党的十七大报告指出：“要把改革创新精神贯彻到治国理政各个环节，毫不动摇地坚持改革方向，提高改革决策的科学性，增强改革措施的协调性。”

NO.4 创新型政党

在庆祝中国共产党成立90周年大会上，胡锦涛向全党提出：“我们必须从新的实际出发，坚持以科学理论指导党的建设，以改革创新精神研究和解决党的建设面临的重大理论和实际问题，着眼于全面建设小康社会、加快推进社会主义现代化，全面认识和自觉运用马克思主义执政党建设规律，全面推进党的建设新的伟大工程，不断提高党的建设科学化水平。”

NO.5 改革精神

胡锦涛在2011年“七一”讲话中指出：当前，世情、国情、党情继续发生深刻变化，我国发展中不平衡、不协调、不可持续问题突出，制约科学发展的体制机制障碍躲不开、绕不过，必须通过深化改革加以解决。

NO.6 党的建设

胡锦涛在党的十七大报告中指出：“中国特色社会主义事业是改革创新的事业。党要站在时代前列带领人民不断开创事业发展新局面，必须以改革创新精神加强自身建设，始终成为中国特色社会主义事业的坚强领导核心。”

NO.7 建设创新型国家

2006年1月，胡锦涛在全国科学技术大会上提出，要提高自主创新能力、建设创新型国家，这是关系国家未来国际竞争力的长远战略。随后，国家中长期科技发展规划纲要应运而生，明确了到2020年进入创新型国家行列的奋斗目标。

NO.8 社会主义核心价值体系建设

在党的十六届六中全会上，以改革创新为核心的时代精神与以爱国主义为核心的民族精神一起被确立为社会主义核心价值体系的基本内容。

中国共产党用改革创新精神重塑中国人的精神

这十年，中国共产党把改革创新精神作为执政理念之一，在执政中不断推进党的先进性建设，改革创新观念和机制，改革社会管理制度，使中国特色社会主义事业取得了伟大的成就。

勇于改革，敢于创新，是整个民族不断前进的密码，也是我们新时期解决新问题的制胜法宝。

flying
自由飛翔
ziyoufeixian

NO.3

向雷锋同志学习：

以雷锋精神为代表的社会主义公民精神

这是重塑红色典型，雷锋精神融入时代潮流，提升为社会主义公民精神的十年。

这十年，雷锋精神在公民社会中重塑，“人人皆可做雷锋”：普通人身上蕴藏的道德力量何等伟大，平凡道德践行所创造的精神价值何其巨大！

这十年，在社会主义核心价值体系建设中，雷锋精神越来越焕发出引领时代风尚的独特力量，越来越成为人们热切的心灵呼唤。

雷锋精神集中体现了社会主义公民道德意识的高度自觉性——弘扬雷锋精神，就是要做一个有完善人格的社会主义公民！

这是雷锋精神扎根中华民族灵魂深处，在公民社会重新开花结果，重塑中国的社会文明、人际伦理，培养社会主义公民精神的十年。

学习雷锋

雷锋的精神

雷锋以平凡的事迹，彰显了不凡的精神。

因此，雷锋精神成为激励人们奋力前行的强大力量，引领社会风尚的鲜艳旗帜。

走雷锋式的路、做雷锋式的人，成为许许多多人的自觉追求，各行各业也都涌现出了一大批雷锋式的先进集体和模范人物。

胡锦涛总结道：“雷锋这个光辉的名字和他崇高的精神品格，在历史发展中始终焕发着光彩。”

这十年，从郭明义到“最美的老师”张丽莉，一系列平凡的“当代雷锋”，生动回答了在新的历史时代，如何向雷锋同志学习，践行雷锋精神！

雷锋精神是一种做人的基本精神——学习雷锋，就是要学习他虽然是一个普通人，却要做一个离每个人都很近的“好人”。

雷锋精神是一种社会参与的志愿者精神——学习雷锋，就是要学习他进学校、去工厂，积极投身社会公益性服务，在服务中实现自己的价值追求……

“志愿服务所体现的就是助人为乐、扶危济困、乐善好施、见义勇为、服务他人、我为人人、人人为我等等，实际上这就是雷锋精神的一种延续、一个承载。”

学习雷锋精神，就是要学习在新的时代条件下，如何正确认识和处理自我与他人、个人与集体、索取与奉献、平凡与崇高等人生课题……

鞍山钢铁集团工人郭明义就是这种典范。

胡锦涛曾对他的先进事迹作出重要批示："郭明义同志是助人为乐的道德模范，是新时期学习实践雷锋精神的优秀代表。要大力宣传和弘扬郭明义同志的先进事迹和崇高品德，为构建社会主义和谐社会提供强大精神力量。"

在社会主义核心价值体系建设中，雷锋精神得到了具有时代意义的诠释：培养社会主义公民精神。

雷锋为全社会提供了鲜活的公民道德样本；雷锋精神是一种人格自我塑造的公民精神——学习雷锋，就是要学习他用责任义务意识和真挚善良的情怀，去完善自己的公民人格。

学习和弘扬雷锋精神，就是要把社会主义核心价值体系所蕴含的科学理论、理想信念、主流价值和道德追求，通过雷锋这个"生动的彰显"和"具体的载体"，传递给人们、传导给社会，培养一个国家公民所具有的责任意识、参与意识、人文关爱和家国情怀。

胡锦涛强调："要培育千千万万具有时代精神的学雷锋先进典型和模范人物，就要创造一种学习先进、弘扬正气、催人向上的舆论环境和激励机制。……要使学雷锋、学先进制度化、经常化，成为绝大多数人的自觉行动和整个社会的风尚。"

建设社会主义核心价值体系需要雷锋精神。通过弘扬雷锋精神，可以大力推进社会主义核心价值体系建设，培养公民社会崛起中所需要的社会主义公民精神！

公民的力量

变化

学习雷锋好榜样

要大力弘扬雷锋热爱党、热爱祖国、热爱社会主义的崇高理想和坚定信念，弘扬雷锋服务人民、助人为乐的奉献精神，弘扬雷锋干一行爱一行、专一行精一行的敬业精神，弘扬雷锋锐意进取、自强不息的创新精神，弘扬雷锋艰苦奋斗、勤俭节约的创业精神。

——中共中央办公厅印发《关于深入开展学雷锋活动的意见》

1. 做人要有点精神
今天，我来接小淘气回家，怎么半天不见人出来。学雷锋?！不就是那个平凡的解放军士兵吗？结果却成了“20世纪中国十大文化偶像”之一，跟明星张国荣等一起被提起！为什么这个从未上过战场的士兵，肉体定格在了22岁，灵魂却穿越了时空的界限，能够成为几代中国人共同的记忆？这个哲学性的问题真伤脑筋啊！
你是不是又去学雷锋了？为什么你们学校又开始倡导“学雷锋”了?！我就纳闷了，难道雷锋真的是“没有户口”的人，三月来了四月走，现在又是回来的时候了？
Hello！久等了！
打住！你得去攒人品了！做人要有点精神！它可以支持人不断前进。雷锋精神就是中国人的精神支撑，是我们的精神力量。小伙子，千万不要落后噢。

2. 雷锋：时代的好榜样

闲话少扯！你衣服上、头发上怎么满是白灰？呵，原来你花这么久是在化妆当圣诞老爷爷啊！

哼，我大人有大量，不跟你计较！反正我是个好心的圣诞小格格！

是吗？你真去派发礼物了？

当然，这是雷锋小组活动！在我们班上，小雷锋一直就没有缺席过：张冯婷见同学经常忘灌墨水，就在窗台上悄悄放了一瓶墨水；佳旻总是一丝不苟地把地扫得干干净净……这些事情虽小，却总会让我们感受到这个集体非常温暖。作为班级的一份子，我能为班上做些什么呢？我刚刚去买了些好吃的，偷偷塞到一个单亲同学的桌子里！还给他写了个鼓励的小纸条藏在课本里！

没想到一向小霸道的格格也是个小雷锋！

那是，学习雷锋好榜样，我也不能落后。你是怎么知道雷锋的？

雷锋啊，我知道的可不比你少！雷锋是被创作写成诗歌、曲艺、歌曲作品最多的士兵，雷锋是被冠名最多的士兵，雷锋其实是一个时尚好青年……

那你知不知道，他听党的话，为老百姓办好事；帮助同志，无私奉献；认真工作，爱岗敬业……别管我是不是听妈妈说的！重点是，你要听小格格的话！

3. 人人都是雷锋
哎？你说，雷锋对每个人都那么好，那他每天得多忙啊！
所以，我想象中的“雷锋”，应该戴着雷锋帽，却长着机器人的脸，头顶着天线，踩着轮滑鞋，有八条手臂！那六只手上拿着垃圾袋、钳子、铲子、面包、可以擦眼泪的手帕，还有两条手臂肌肉隆起，力大无穷。为什么？天线可以让雷锋找到更多需要帮助的人，轮滑鞋帮他尽快赶到他们身边，手臂多做的事情就多，人家需要什么，他就能提供什么样的帮助！
哈，小格格你想的雷锋真像变形金刚！一千个人心中有一千个哈姆雷特。到了今天，一千个人心中必定也有一千个雷锋。只是，你有没有觉得，雷锋其实是最需要帮助的人？你想象一下这样一幅画面：雷锋正不断挥洒着汗水，显得一身疲惫，而需要他帮助的人都站在他的背上……
小时候我听爸妈讲中国故事，觉得两个人特别厉害：一个是孙悟空，一个是雷锋。现在我觉得，雷锋就是一个普普通的人，他能做的好事我也能做。所以，我觉得雷锋就是告诉了中国人做人、做事的基本道理明白了这个道理，其实每一个人都应该是雷锋。
有啊！佳旻就画过这样一幅画。不过，她的画让人温暖的是，有一群小朋友飞奔而来，他们喊着：“雷锋叔叔，我们来帮你！”爸爸不是说吗？在中国，雷锋早已不是一个人的名称，更多的是一个群体的代言人。做了好事的人，我们习惯叫他“活雷锋”。
不是这个意思啦！“雷锋”应该是各种各样有爱心的人，而这个是你、是我、也是他：有搀扶孕妇过马路的漂亮MM，有帮交警指挥交通的志愿者，甚至有无所不能的机器猫……而这些乐于助人的形象都有一个标志，就是手臂上的红袖章。只要他做好事，人人都是雷锋。

4.00后：雷锋会打小怪兽
小格格班的雷锋小组举办了一次“学雷锋画展”，人人在白纸上画下了他们心中的“雷锋叔叔”。每一幅画中的雷锋都戴着标志性的雷锋帽，帽子上不是挂着五角星，就是写着“助人”二字，但是“雷锋”却是“百变金刚”：他不但变身奥特曼，打着小怪兽，甚至戴着雷锋帽帮助植物们打僵尸；甚至还有人画出的雷锋是美少女，长着巴掌大的瓜子脸，梳着时尚的“波波头”：“心灵美的人当然长得好看，现在做好事的人都应该很漂亮”……
当画雷锋变身成“美少女战士”在菜市场帮老先生提塑料袋的小女孩问我：“阿姨，你心中的雷锋是什么样子的，什么是雷锋精神？”我都不知道怎么回答了！
呀！雷锋玩具！是囧萌囧萌的雷小锋！这让我们小朋友太喜欢了。
我看着孩子们笔下千姿百态的“雷锋”，也很感慨。60后、70后对雷锋和雷锋精神有着深刻的印象和理解。如今，时代背景变了，教育观念转变了，孩子们渐渐不知道雷锋是何人了……

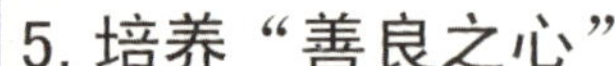

5. 培养“善良之心”

你们真的很会想呢！雷锋居然可以化身为奥特曼，拿着激光武器和怪兽作战，用的武器是激光炮和飞碟！他的主要作为，是帮助“植物大战僵尸”里的各种植物保卫家园！

谁说我们00后不知道雷锋是谁?!只不过，我们想象的雷锋跟你们的不一样罢了！你看这雷小锋多可爱！雷锋也可以很囧很萌的！

这可能跟他们影像化、游戏化、数字化、图画化的成长环境有关。他们接受信息的渠道、思维模式、行为方式无疑都受到这些的影响，而不同于非这“四化”时代成长起来的其他人群……

所以，他们对雷锋形象的想象，就会受到这“四化”的影响：雷锋就像美国电影里经常帮助好人和打倒坏蛋的超人和蝙蝠侠，就像魔幻大片里挥舞着魔杖和“那个连名字都不能说的人”战斗的哈利·波特……

想象力丰富的同时，却是现实生活的匮乏。雷锋作为影响我们几代人的一个典型，如今在00后心中形象却是如此模糊，以致离他们的生活越来越遥远。其实，雷锋精神的伟大之处在于，他所做的都是点滴小事，而这些小事，代表的是乐于助人、奉献、有爱心……这些都是做人最基本的品质和精神。

其实，只要培养孩子们拥有一颗“善良之心”，就是传承了雷锋精神：发现和坚持“真善美”，乐于帮助他人的美德，追求高尚的情操、健全的人格……

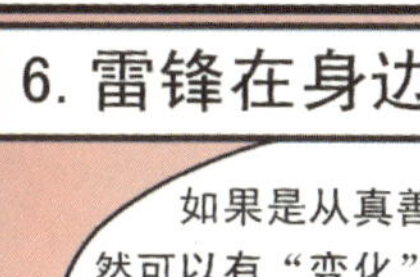

6. 雷锋在身边

如果是从真善美出发，雷锋自然可以有“变化”：要是有怪兽入侵，他可以变身为“铠甲战士”；要是给他随时发出蜘蛛丝的能力，他当然也可以变身为蜘蛛侠……

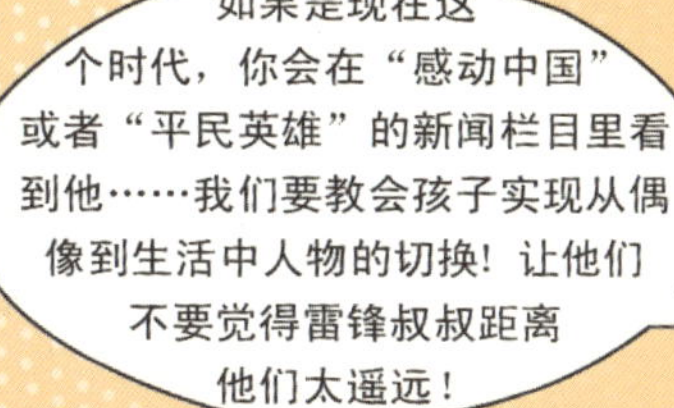

黄莺说得好！雷锋从来不是一个特定的人，雷锋是这样一种人：抛开国籍、职业、背景、不同种类的超能力，他和所有的超级英雄一样，有着善良和正义的内心，并且会拼尽全力，不计较个人得失，去做善良正义的事！

其实，在看到扶老人被告上法庭的彭宇后，看到小悦悦被撞后未施以援手的路人后，我们90后也开始重新思考什么是雷锋精神，时代需要怎样的雷锋精神。当雷锋不再是简单的符号，不再是宣传中平面的形象，在90后心目中，雷锋又是什么样子？我们应该怎样学习“雷锋精神”？

其实，不用你们多费心思啦，我们早就在寻找：在我们的身边，有没有像雷锋叔叔那样的活生生的人呢？爸爸其实就是这样一个典型的“活雷锋”！

7. 学雷锋先要做人

爸爸就是个“活雷锋”？格格你没有发烧吧？
当然！先说乐于助人吧。那次小区里一个从乡下刚来没多久的八十多岁的阿婆很反常地出门溜达了好长时间没有回来，爸爸一听说这事扭头就找人去了。夏天的雷阵雨说来就来，片刻之间已是大雨倾盆。好不容易等到雨停了，只见爸爸像只落汤鸡一样地回来啦，他身边的阿婆浑身上下却没一处湿的……

这事儿我怎么不知道？

这就是做了好事不留名啦！爸爸还是个“全能冠军”：水、电、管道、空调，他样样精通。就连花儿倒了、树长歪了、小猫小狗病了，他也懂得如何使它们康复。没少帮太姥爷周围邻居的忙！
爸爸难得地羞涩了，不好意思地躲到里屋去了……

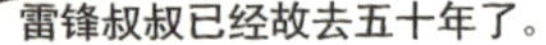

说起来叔叔还真是有很多小故事呢！我妈说原来他们研究生班的电脑全都是他帮忙修的！每次我妈电脑出问题，都是他来修的，永远都一招：重装系统……叔叔，你脸怎么红了？

雷锋叔叔已经故去五十年了。虽说我见不到真实的雷锋叔叔，可是我想，雷锋叔叔一定和我爸爸一样热心、细心、用心。每当我重温雷锋的故事时，爸爸忙碌的身影便会浮现在眼前……
其实一般而言，人们是愿意帮助他人的。身边有很多值得感动的小事，比如自行车倒了总会有人帮我扶起来……这也是每一个人都能做到的、也是应该做的。所以，我总结，对于90后00后而言，学习雷锋，首先，就是要“做人”。其次，才是做一个“好人”——这个也是自己踮踮脚尖就能做到的，比如，参加志愿者活动，做义工社工，可以去福利院，残疾人疗养院，养老院……从第一个人开始，帮助另外一个人，然后要被帮助的人传递帮助，形成一个无限循环的链条。

8. 我们@雷锋

那是因为爸爸那一代人受到更多的“集体主义”的教育，所以，更注重“我们”，而不是“我”。我们80后是将理性和感性结合之后，以最恰当的方式给予别人帮助，并享受其中的快乐：帮人要在自己的能力范围内，不过分地强调舍己为人；更多地侧重于“我”，将自己的价值最大化。

杰瑞说得对，新的时代，我们应该根据90后、00后的特点，从他们最愿意做、最应该做也最能做的人和事儿做起，为雷锋精神加入新元素。比如，发挥草根的力量，利用微博，让更多的人参与帮助接力。我觉得90后00后很感性、敢追梦，也愿意奉献热血青春，这和雷锋的青春是有契合点的。

9. 从“最美热”到“公民”

“针线盒”用不到了，变成了“小药箱”；“节约箱”仍然有，放的是无人认领但还能用的铅笔、橡皮等，供同学们一时之需；“储蓄罐”储蓄的可是同学们的爱心记录，设计得很有创意：有的是做一件好事就在红丝带上打个结，有的是往里面放上奖励的爱心经验值，还有的是放小红豆，积累起来后准备全班到校园苗圃里播种“爱心种子”呢……

告诉你们啊，“雷锋角”已经成为我们班一道亮丽的风景线！它时时刻刻提醒我们要把雷锋精神真正融入到自己成长的每一天，就像一滴小水滴，每时每刻都不忘温润小草，把365日天天都当成雷锋日……

从2012年开始，每年将有近700万90后大学生走出校园，成为最具潜力的公民社会力量——所以，我更关心的是，学习雷锋，对于90后公民人格的建设和培养作用。比如，学习雷锋，能不能让自我的价值最大化？学习雷锋能不能让我们走出课堂，多关注社会，扩大视角，尽自己所能解决社会生活中的一些实际问题？

10. 重塑中国人的精神

“最美教师”张丽莉、“最美司机”吴斌、“最美战士”高铁成、“最美妈妈”吴菊萍……每一个“最美”的背后，都有一个感人的故事；每一个感人的故事，都洋溢着道德的力量！这些普通人的“最美”，像杰瑞哥哥说的一样，是我们踮踮脚尖就能做到的；但是，这些“最美”形象和“最美”瞬间，也洋溢着一种我们需要学习的“最美的精神”——他们，就是“雷小锋”！

这正是社会主义核心价值体系建设重塑中国人的精神的精髓。凝聚在这些爱心群像背后的，正是一种共同的社会主义核心价值观；它蕴含了中华民族精神和时代精神的精髓，是社会主义核心价值体系的生动诠释；体现着社会主义的道德责任和道德良知，体现着社会主义公民所应当具备的价值观、公德观、人生观、职业道德精神和人格理想信念……

以雷锋精神重塑社会主义公民精神

雷锋精神

“雷锋精神产生于社会主义建设的火热实践，产生于60年代，但是雷锋精神传承了中华民族的优良品德，体现了社会主义思想道德的本质要求，也展示了中国共产党人的光辉品格，彰显着社会主义核心价值体系的精髓和要义，**雷锋精神可以说是我们今天建设社会主义核心价值体系最好的彰显，也是我们时代的精神标识。**”

NO.1 学习雷锋热爱党、热爱祖国、热爱社会主义的崇高理想和坚定信念

在社会主义核心价值体系中，雷锋精神得到了具有时代意义的诠释：“这个理想和信念激励我们全党全社会自觉地把个人的追求和奋斗同党的事业、国家的命运、民族的前途联系起来，为祖国的繁荣发展贡献自己的智慧和力量。”

NO.2 学习雷锋“服务人民、助人为乐”的奉献精神

“雷锋是以服务人民为最大幸福，以帮助他人为最大快乐，这是雷锋精神的一个典型的标识。”这与社会主义核心价值体系中“以服务人民为荣、以背离人民为耻”、“以团结互助为荣、以损人利己为耻”的基本精神对接。

NO.3 学习雷锋干一行爱一行、专一行精一行的敬业精神

这是中华民族的传统美德，是社会主义核心价值体系所倡导的社会风尚：立足本职、忠于职守、兢兢业业、精益求精。

NO.4 学习雷锋锐意进取、自强不息的创新精神

雷锋刻苦学习、锲而不舍、锐意进取的精神，与弘扬以改革创新为核心的伟大时代精神是一致的。

NO.5 学习雷锋艰苦奋斗、勤俭节约的创业精神

雷锋“艰苦奋斗、勤俭节约”的美德和崇高精神与社会主义核心价值体系中“以艰苦奋斗为荣、以骄奢淫逸为耻”的重要内容相联系，具有鲜明的时代性和广泛的传承性。

NO.6 雷锋精神是无私奉献的典型代表

美国亚利桑那州立大学国际战略研究院副教务长丹尼斯•西蒙教授说：“雷锋精神在中国的回潮是一种积极信号。雷锋是无私奉献的典型代表，而当今中国正处在经济和社会发展的新阶段，特别需要重新思考雷锋精神，为转型期的中国注入可持续发展的道德力量。”

NO.7 雷锋精神是主流价值观的新支点

中国科学社会主义学会副会长宋萌荣教授说，虽然雷锋精神诞生于20世纪60年代，但它包容性强，同时兼有人类共同文明价值观、中华民族传统文明价值观和社会主义文明价值观的优点，凝聚了全社会的共同价值，为多元化思潮下的主流价值观找到了一个新支点。

NO.8 雷锋精神是社会主义核心价值体系的具体载体

中宣部常务副部长雒树刚指出，社会主义核心价值体系四个方面的基本内容在雷锋精神中都有具体的体现：“雷锋是我们学习科学理论的楷模，他当时学习毛主席著作，今天我们要学习毛泽东思想，特别是要学习中国特色社会主义理论体系，所以我们强调学习科学理论。雷锋有坚定的理想信念，今天我们强调我们要树立中国特色社会主义的共同理想。雷锋精神彰显着我们的民族精神同时也体现着我们的时代精神；雷锋又是我们的道德楷模、弘扬社会主义荣辱观的榜样。所以说雷锋精神的内涵和社会主义核心价值体系的内涵是一致的。”

中国共产党用雷锋精神重塑中国人的精神

弘扬雷锋精神，推动社会主义核心价值体系建设，可以依靠雷锋这一社会主义公民道德榜样的巨大感召力和影响力，传递中华民族传统美德中闪光的部分，传承社会主义思想道德的价值取向，让雷锋精神成为社会共识，成为时代的精神，成为中国人的精神坐标。

这有利于弥补“公民教育的‘欠账’问题”，解决当下中国因利益关系的变化带来的种种社会矛盾，匡正社会转型时期可能出现的道德失范、诚信缺失现象，促进尊老爱幼、扶贫济困、扶弱助残、礼让宽容的新型人际关系，以及引导公民社会道德水平的提升，重塑中国人的精神——

弘扬雷锋精神，做一个合格的社会主义公民！

10

NO.4

同一个世界，同一个梦想：

以奥运精神为代表的世界公民精神

这是中国人实现**百年奥运梦**，让世界震惊的十年。

这十年，**举国上下同心协力**，团结一致，为打好奥运攻坚战奋发努力。

这十年，**中国人扬眉吐气**，中国成为**"同一个世界，同一个梦想"**的东道主，奥林匹克精神在中国大地上常盛不息。

这十年，**通过奥运会，中国敞开胸怀**，让世界了解了一个**更加多元、更加开放的中国**，中国人的民族自尊心、自信心、自豪感得到极大提升。

这是奥运精神重塑中国人的精神、形成"地球村"的世界公民精神的十年。

漫天的烟花，闪电式的倒计时，一幅幅中国式画卷完美展现了中华文明的辉煌……

美轮美奂的2008北京奥运会开幕式，切实证明了“给中国一次机会，还世界一个惊喜”。这一伟大的历史时刻，顿时让世界亲密接触中国、感知中国、聚焦中国。

从2001年申奥成功，到2008年奥运会成功举办，为了办一届

同一个世界

有特色、高水平的奥运会，在“更高、更强、更快”的奥林匹克竞技精神追求下，中国整整奋斗了7年。

为了中国能举办奥运会，中国人民整整奋斗了100年。

这十年，在“同一个世界，同一个梦想”的口号下，奥林匹克精神在中国大地上传递，向“地球村”延伸：

它表达了北京和中国人民与世界各国人民共有美好家园，同享文明成果，携手共创未来的崇高理想；

它表达了一个拥有五千年文明，正在大步走向现代化的伟大民族致力于和平发展、社会和谐、人民幸福的坚定信念；

它表达了13亿中国人民为建立一个和平而更美好的世界作出贡献的心声……

这，就是中国人“同一个世界，同一个梦想”的世界公民精神。

这十年，中国人用自己的行动诠释着奥林匹克精神。

2008年，“世界有我，中国有我”的气魄和豪言，奥运志愿者默默付出、任劳任怨的奉献精神，全民健身、全民运动的浪潮……

北京奥运会是一次世界公民精神的培育良机：中国人在弘扬团结、友谊、和平的奥林匹克精神中，也在思考诸如如何提升自我，如何与他人相处，以及如何与他人展开竞争等问题……这正是奥林匹克精神改造中国人精神的过程！

2012 年，孙杨主动和“传言交恶”的朴泰桓握手；16 岁的叶诗文从容应对无端质疑；面对三度冲金失利，29 岁的王皓淡然一笑；28 岁的陈一冰淡定地面对“得而复失”的金牌：**“比赛不仅为了夺冠，更为了享受……”**

中国运动员的形象，正是走向世界的中国人蓬勃向上、从容大度的精神名片。这是比国家形象更为重要、更为及时的中国人精神！

2008 年，国际奥委会主席罗格评价说，“这是一届真正的无与伦比的奥运会。”北京奥运会提升了奥运会的举办水准。

胡锦涛强调，北京奥运会、残奥会能够取得成功，靠的是改革开放 30 年我国持续快速增强的综合国力，靠的是社会主义制度能够集中力量办大事的优越性，靠的是全国各族人民的团结奋斗，靠的是世界各国人民和国际社会的大力支持。北京奥运会、残奥会成功举办的事实再次向世人昭示：中国人民有能力为人类文明进步作出更大贡献。

从 2008 年到 2012 年，中国人不仅在比赛中表现了“更快、更高、更强”的奥林匹克竞技精神，赛后更是用行动诠释“团结、友谊、和平”的奥林匹克精神。

这是社会主义核心价值体系建设的结果——新北京，新奥运，新的中国人！

广大奥运建设者、工作者、志愿者牢记党和人民的重托，大力培育和弘扬了为国争光的爱国精神、艰苦奋斗的奉献精神、精益求精的敬业精神、勇攀高峰的创新精神、团结协作的团队精神，为北京奥运会、残奥会成功举办提供了强大精神支撑。在全面建设小康社会、加快推进社会主义现代化的征程上，我们要大力弘扬北京奥运会、残奥会培育的崇高精神，使之成为推动我国各项事业发展的强大精神动力。

——胡锦涛（在北京奥运会残奥会总结表彰大会上的讲话）

变化
地球是个村
FOOD·
××火锅

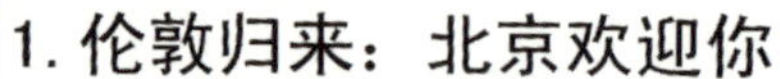

1. 伦敦归来：北京欢迎你

漫天的烟花，闪电式倒计时，唯美的中国画卷，这里见证了全世界最神圣的时刻。2008，北京欢迎来自五湖四海的客人……

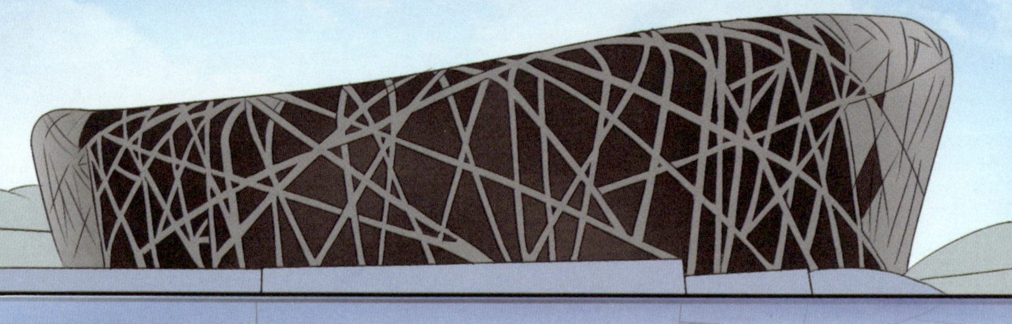

胡锦涛说，在北京举办奥运会，圆了中国人的百年梦想。在北京举办奥运会，是世界对中国的信任，北京奥运会属于中国人民，更属于世界各国人民。百年奥运梦想成功实现，这是我们在实现中华民族伟大复兴征程上的又一次历史性跨越，也是我们沿着中国特色社会主义道路奋勇前进的又一个新的起跑线。我们要大力弘扬北京奥运会、残奥会培育的崇高精神，使之成为推动我国各项事业发展的强大精神动力。

北京欢迎你，敞开大门迎接客人……从伦敦奥运会归来，才能深刻感受到北京奥运会留下的精神和气质，为世界与中国留下的遗产和贡献！

那一场无与伦比的盛会，让许多未曾来过中国、未曾谋面的人产生最真切最深刻的感受：这个在黄土地上生生不息的传奇国度，跨越了巨大卷轴都记载不了的五千年农耕文明，接过了现代文明的火炬，铺展了一条最特别的跑道，正豪迈地勇往直前，正骄傲地飞舞身姿，正热情地敞开家门迎接四方宾客……

2. 重温开幕式：影响力

开幕式上的视觉冲击带给海外游子的激动，远远不止一直存留在心底的文化认同，也不止超越期待的自豪，更有一种刮目相看的惊艳！更何况还能见证那么多同根同源的中国人在竞技场拼搏夺金！游子们对着直播画面欢呼，这是没有归家的他们能够感受到的最直接的祖国。祖国，不会遥远；奥运的震撼，同样不会褪色。

2008年8月8日，晚上8点，第29届奥运会开幕式在北京国家体育场（鸟巢）隆重举行！来自80多个国家的政要，204个参赛国，16000多名运动员和教练，10万名现场观众，全国数十亿的观众通过电视、网络直播等一起见证了这个神圣时刻！

重温奥运会开幕式，真是让我热血沸腾。

“荟萃全球看点”，让世界聚焦中国，“感知今日中国”，在“同一个世界，同一个梦想”的口号下，世界走进中国，中国走向世界，“奥运精神”得到了全新的诠释。

五星红旗迎风飘扬，胜利歌声多么嘹亮；歌唱我们亲爱的祖国，从今走上繁荣富强……

56个身着民族服装的儿童簇拥着国旗徐徐向前，海内外千千万万赤子之心凝聚成了国旗的鲜红，随着五星红旗冉冉升空。焰火璀璨，绚烂的不仅仅是鸟巢的上空，不仅仅是北京的夜景，更是中国让世界瞩目的新形象。

从奥运会闭幕到现在已经过去数千个日夜，有关奥运会的一切仿佛已经那么遥远。小格格一家和杰瑞在自己的发现之旅中，仍然感受到了“奥运精神”在时时、事事、处处地重塑着中国人的精神……

3. 中轴线：梦想100年

杰瑞一行循着二十九个焰火脚印，紧邻着中轴线，一步步接近那片令他们心潮澎湃的土地。从永定门到天安门，到鸟巢，焰火在短短几分钟内跨越的道路，杰瑞一行走了一个小时，中国，则走了一个世纪。

1908年，时任天津青年会代理总干事的饶伯森，把当时正在伦敦举行的第四届奥运会的盛况放映给学生。青年学生热血沸腾，投稿给《天津青年》杂志，发出了有名的“奥运三问”：

（1）中国什么时候能够派运动员去参加奥运会？

（2）我们的运动员什么时候能够拿到一块奥运金牌？

（3）我们的国家什么时候能够举办奥运会？

为了回答这三问，中国人不间断地奋斗了100年。

奥运第一问，时隔将近三十年后有了回答。1932年，在张学良的资助下，刘长春作为唯一的参赛选手出现在洛杉矶奥运会上……

半个世纪以后，时间转到了1984年，还是在洛杉矶奥运会上，许海峰夺得了男单射击冠军，捧回了第一枚奥运金牌……奥运第二问也得到了回答。

2001年7月13日，时任国际奥委会主席萨马兰奇宣布第29届奥运会主办城市为北京，中国终于圆了自己的奥运梦。到了2008年，奥运第三问得到了圆满的回答。

4. 鸟巢：开放和包容

鸟巢是中外设计师共同设计完成的。冰冷的钢铁像树枝一般被编筑成巢，便整个儿都充满了家的温馨。鸟巢准备好了，迎接四方来客；准备好了，迎接世界文明。2008年，来自五湖四海的人汇聚在这里，呐喊，助威；场内100多个国家的运动员同场竞技。不同的种族、不同的肤色、不同的语言、不同的文明，一齐在这里挥尽狂热。One World，One Dream……

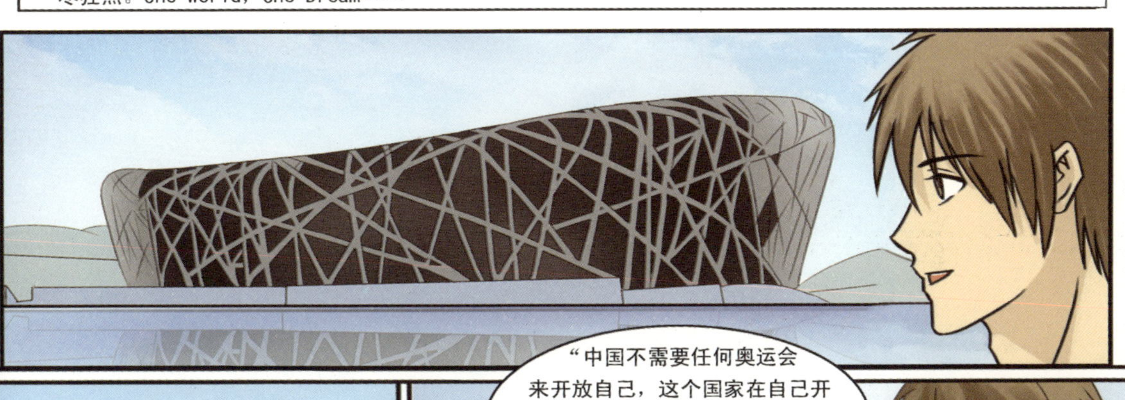

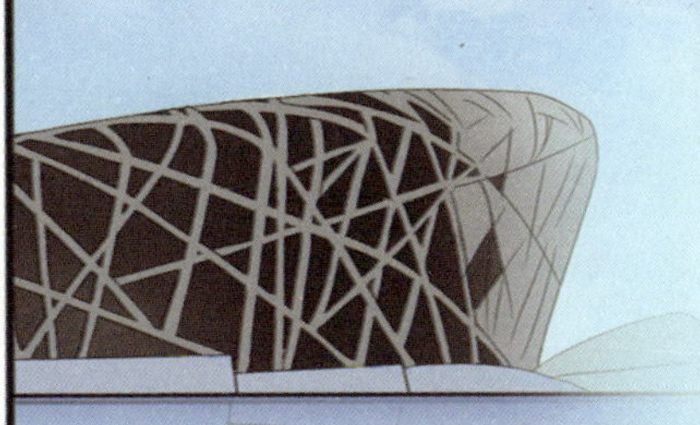

现在，鸟巢安静地躺在这里，张开怀抱。西斜的阳光打在温暖的钢铁上，巢口溢出来的金黄散落在观众席间，仰望天空的蔚蓝，视界有涯，但来往的飞鸟、牵线的风筝，在目光所及之处尽情地欢乐着，自在的天空没有边界。

5. 中国新印象

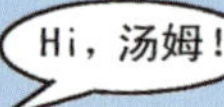

汤姆，在这里碰见你，真凑巧。

鸟巢真是精品，让人看着很是震撼。看到鸟巢，我对中国的认识又加深一步。“中国人参与主创的‘鸟巢’是世界上最壮观、最美丽的体育场，这些将改变以往人们心目中‘中国没有创意，只是一个低成本产品生产国’的偏见。”

那当然啦，这可是我伟大的祖国哦！一个孕育奇迹的地方。其实像鸟巢、国家大剧院、水立方这些建筑，都是充分融合了中国文化元素，同时也让世界看到了中国一流的、拥有世界水准的当代建筑艺术，这表现了当代中国的包容与开放胸襟。

这次来就是想看看鸟巢，寻找那辉煌的记忆。我迫不及待地想去看看这奇迹是怎么创造的啦。

北京奥运会更好地体现了“开放包容”的心态和精神，展现了中国积极融入国际社会的立场：从1978年中国改革开放到2001年“入世”，再到北京成功举办奥运会，中国更加积极地融入国际社会，成为深化改革开放的新起点，也为世界全方位了解中国提供了平台。

一队小朋友活蹦乱跳地冲来，很热情地向汤姆打招呼：“Welcome to Beijing！”挂着灿烂的笑容的面孔，天真无邪。“咔嚓！”汤姆将这一副生动的城市表情定格在了相机画面里。亲切的、自信的、微笑的表情，是汤姆在中国最美好的记忆。

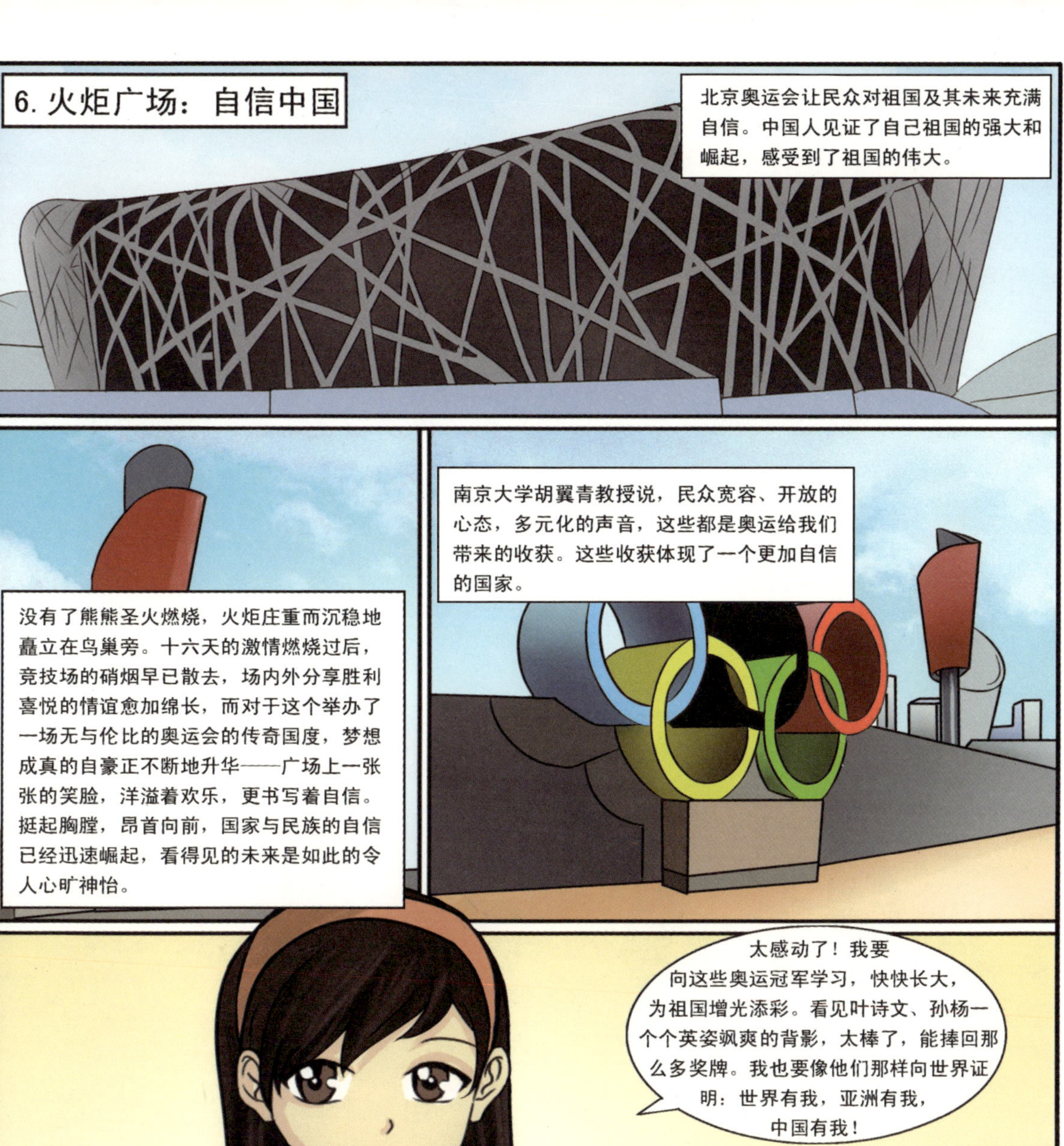
6. 火炬广场：自信中国
北京奥运会让民众对祖国及其未来充满自信。中国人见证了自己祖国的强大和崛起，感受到了祖国的伟大。
没有了熊熊圣火燃烧，火炬庄重而沉稳地矗立在鸟巢旁。十六天的激情燃烧过后，竞技场的硝烟早已散去，场内外分享胜利喜悦的情谊愈加绵长，而对于这个举办了一场无与伦比的奥运会的传奇国度，梦想成真的自豪正不断地升华——广场上一张张的笑脸，洋溢着欢乐，更书写着自信。挺起胸膛，昂首向前，国家与民族的自信已经迅速崛起，看得见的未来是如此的令人心旷神怡。
南京大学胡翼青教授说，民众宽容、开放的心态，多元化的声音，这些都是奥运给我们带来的收获。这些收获体现了一个更加自信的国家。
太感动了！我要向这些奥运冠军学习，快快长大，为祖国增光添彩。看见叶诗文、孙杨一个个英姿飒爽的背影，太棒了，能捧回那么多奖牌。我也要像他们那样向世界证明：世界有我，亚洲有我，中国有我！
北京奥运会开幕式上，在主题歌的优美旋律下，两千零八张来自世界各地的灿烂笑脸如花朵般绽放。无论肤色，无论种族，无论国籍，无论语言，微笑就是我们最好的表达。一个微笑就能让你心意相通，情谊相融。奥运的北京是微笑的北京，奥运的北京用最美的笑容为所有人铺陈最温暖的竞技征程……

7. 水立方：告别“东亚病夫”

到水立方去感受奥运的余味，体验一把“更快、更高、更强”。这是一种100年的奋斗史：从1932年一人参赛，到1984年许海峰摘得第一枚奥运金牌，中国人的奥运梦想逐步发展成为13亿人共同参与的事业。“中国人民终于站起来了”！
你们看，我游得好吧？像不像未来的蝶泳女王？杰瑞真是个游泳好手，我们也赶紧加入全民健身吧。
在1936年柏林奥运会上，中国派出140多人的代表团。当时一家外国报刊登出了一张讽刺的照片：在奥运五环旗下，一群头蓄长辫、长袍马褂、形容枯瘦的中国人，用担架扛着一个大鸭蛋，题为“东亚病夫”。
菲尔普斯就是在这里拿的金牌，我也要在水立方体验一回！
2008年北京奥运会的成功举办包含着整个国家告别“东亚病夫”，实现体育强国、站起来富起来强起来的“身体政治感觉史”。西方的优越性一直被理解为身体上的优越，通过体育强国、全民健身和奥运中国树立新的“身体政治观”，一直是中国人摘掉“东亚病夫”的帽子、摆脱西方优越论、重拾大国国民自信的集体思维模式。
1952年6月10日，毛泽东为新中国体育工作题写了“发展体育运动，增强人民体质”。中国人要“野蛮其体魄，文明其精神”，从身体上要解放，摘掉“东亚病夫”的帽子。北京奥运会的成功，让中国从昔日的“东亚病夫”一跃成为今天的奥运大国。
北京奥运会的举办，在全国人民特别是广大青少年中普及了奥林匹克精神，一场全民健身运动正在悄然升起。这股热潮将大大增强我国的国民体质。这也是北京奥运会留下的宝贵精神遗产。

8. 从科技奥运到体育强国

9. 全民参与共创辉煌
百年梦圆，奥运盛会以其巨大魅力和特有的感召力，激荡着中华儿女的心弦，凝聚起全国人民共襄盛举的强大合力。
地铁8号线可是奥运专线，为了办奥运专门修的。有了这条线来看奥运，去奥林匹克公园玩，方便又快捷。
一说坐地铁，我就想到：“人进去，相片出来；饼干进去，面粉出来！”刚才还担心呢，现在车来了一看，觉得地铁并没有想象的那么拥挤，这8号线感觉好多了。
这你就不知道了吧，这里有很多志愿者帮助维持秩序，人再多也不怕！奥运的时候，很多志愿者拿着小红旗，每天坚守在岗位上疏导着来往的人流。他们任劳任怨，只为把奥运办好贡献自己的一份力量。
那时候爸爸也参与了志愿者管理，可忙了！每天早晚都见不到他。爸爸老说，人人参与，展现新北京、新奥运的风采。
在举办奥运会期间，放眼全国，上至党中央“办好奥运是当前头等大事”的重要指示，下至北京社区男女老少齐动员，为奥运出一份力，全民大参与，为世界诠释了“新北京新奥运”的风采。在中国共产党有条不紊的领导下，来自全国各地的农民工、工人辛勤工作，保证了奥运场馆建设圆满验收；无数的奥运志愿者默默奉献，广大市民自觉为奥运添彩，积极配合……给所有人留下了难以磨灭的印象。

10. 体制的卓越
晚上，杰瑞收到了汤姆发来的鸟巢之行照片。
风景独好，笑容更是亲切。鸟巢已经强大而结实，足以遮风挡雨了；游子和远方的游客都收到了友好的邀请，纷纷来分享文明腾飞的喜悦。
鸟巢连接了中国的昨天和今天，承载了百年逐梦的艰辛，更是开启了全新的中国形象：申奥时，中国人将“绿色奥运、科技奥运、人文奥运”的承诺交给了世界，新生的鸟巢和郁郁葱葱的奥林匹克公园，和那场举世瞩目的北京奥运会，是中国人交出的完美答卷。
给中国一个机会，中国还世界一个精彩。今天的中国高度自信！
世界的目光曾聚焦在这里，见证了一个古老的文明在现代社会里又是如何的光彩夺目；世界的目光将一直停留于此，流连欣赏文明的奇迹，期待更多的惊喜。这充分体现了中国共产党卓越的领导能力，体现了社会主义制度集中力量办大事的优越性……

以奥运精神重塑世界公民精神

北京奥运精神

胡锦涛在2008年8月指出，北京奥运会留给我们三个方面的最重要的精神遗产：一是弘扬团结、友谊、和平的奥林匹克精神；二是实践绿色奥运、科技奥运、人文奥运理念；三是促进世界各国文化的相互交流、相互借鉴。

NO.1 开放与包容：让世界发现中国

在"同一个世界，同一个梦想"的口号下，北京奥运会让世界看到一个全新的中国，中国以开放包容的姿态让全世界更加了解中国。

NO.2 自我肯定：让中国发现中国

从奥运中崛起的中国更加肯定自己："奥运会的成功举办也标志着中国历史开启了新篇章，中国人民将以更大的信心展望未来，清楚中国已成为世界强国之一。"

NO.3 民族自信心和自豪感

100多年前，著名爱国教育家张伯苓曾说："奥运举办之日，就是我中华腾飞之时！"

100年后，牛津大学中国问题专家曾锐生说："北京奥运会让中国共产党领导层和民众对中国及其未来更加自信。"

NO.4 改变了国家感觉

北京奥运会的成功，改变了整个国家"东亚病夫"屈辱的身体政治感觉。新加坡《联合早报》评论说："中国人这种如山洪爆发的激情，源自他们百年的悲痛历史。他们被集体讥为'东亚病夫'，不过是半个多世纪之前的事，那时候的中国人，在国际体育活动中难得有什么表现，不用说要在奥运会中夺得锦标，更不用说有朝一日会竞争申办奥运。"

NO.5 培育新国民心态

南京大学胡翼青教授指出：民众宽容、开放的心态，多元化的声音，这些都是奥运给我们带来的收获。这些收获体现了一个更加自信的国家。

NO.6 中国新印象

《世界新闻报》特约作者麦克尔·佩恩说："中国人参与主创的'鸟巢'是世界上最壮观、最美丽的体育场，这些将改变以往人们心目中'中国没有创意，只是一个低成本产品生产国'的偏见。"

NO.7 领导的卓越与体制的优越

北京奥运会充分体现了全民参与、全民奥运的精神，充分体现了中国共产党卓越的领导能力，体现了社会主义制度集中力量办大事的优越性，体现了中国政府无与伦比的执行力。

NO.8 奥运精神的继承与发展

胡锦涛指出："我们更加珍惜北京奥运会留给我们的精神遗产，并努力使之发扬光大。"

2012 年 7 月 18 日，德国之声电台网站发表题为《北京的奥运精神遗产》指出，奥运会以后，北京提出以"爱国、创新、包容、厚德"为内容的"北京精神"，是对奥林匹克精神的继承和发展。

通过北京奥运会，在全国人民尤其是 4 亿青少年中普及了奥林匹克精神，形成了全民参与、全民健身的热潮。

中国共产党用奥运精神重塑中国人的精神

奥运精神是社会主义核心价值体系的重要组成部分，也是对它的实践和发展。在举办北京奥运会期间形成的勇于担当、团结协作、自信乐观、超越创新等北京奥运精神，是社会主义核心价值体系的重要组成部分和体现。

中国共产党通过北京奥运精神重塑中国人的精神和气质：推动社会公众参与志愿服务，形成以自愿、无偿、利他为主要特征的奉献精神；引导中国人将自己的行为与国家形象联系起来，形成强烈的社会责任感；促进大众以团结、合作来解决共同难题，形成团结协作的团队精神……在此基础上，形成了中国人"同一个世界，同一个梦想"的世界公民精神。

这，影响着中国人的思想观念、思维方式、行为规范，成为引领社会前进的精神旗帜。

NO.5

追寻理想，超越自我：

以载人航天精神为核心的全民奋斗精神

这是中国航天人继承和发展传统“航天精神”，形成“载人航天精神”，并对当代中国人精神重塑，形成具有普遍意义和时代价值的全民奋斗精神的十年。

这十年，“特别能吃苦，特别能战斗，特别能攻关、特别能奉献”的载人航天精神，继承和发展了“热爱祖国、无私奉献、自力更生、艰苦奋斗、大力协同、勇于登攀”的“两弹一星”等传统航天精神。

这十年，以“神舟”系列形成的“载人航天精神”为媒介，中国航天精神走出了“航天人”的行业和职业领域，成为全社会和全体中国人“追求理想、超越自我”的全民奋斗精神的榜样与标杆。

这是中国共产党以“载人航天精神”为载体，提炼、概括并重新诠解其普遍意义和时代价值，重塑中国人“追寻理想、超越自我”的全民奋斗精神的十年。

追寻理想

2003年，中国第一次成功发射载人飞船“神舟”五号，实现了中华民族千年飞天梦想。

2012年，“神舟”九号实现手控交会对接，刘洋入住“天宫”，中国成为第三个拥有自由飞天神女的国度……

这十年，神舟系列突破一个又一个历史纪录，中国航天人以“载人航天精神”的实际行动，为中国人重塑“追寻理想、超越自我”的全民奋斗精神，做出了富有启示性的贡献！

弘扬载人航天精神，追寻理想，勇于超越自我！

这是对传统航天精神的继承和发展。

当年“两弹一星”发射成功，西方报刊惊呼：“中国这种闪电般的进步，就好像亚洲上空的一声巨雷震撼了全世界……”

2006年10月13日，在中国航天事业创建50周年纪念大会上，温家宝说：“50年来，在我国航天事业发展中孕育形成的热爱祖国、无私奉献、自力更生、艰苦奋斗、大力协同、勇于登攀的‘两弹一星’精神和**特别能吃苦、特别能战斗、特别能攻关、特别能奉献**的载人航天精神，成为激励一代又一代航天人不懈奋斗的精神力量，为中华民族增添了宝贵的精神财富。”

载人航天精神，是“两弹一星”精神在新世纪、新时期、新阶段的发扬光大！

响应党的号召，多少航天人甘于放弃都市的繁华，在荒漠戈壁中奋斗一生，永不言弃。

他们不屈不挠，战斗在航天事业的第一线；

他们在艰难中探索，自强不息，勇攀科学高峰；

他们不计名利得失，在默默无闻中书写中国航天事业的辉煌新篇章……

中国第一代航天人梁思礼曾说过，中国航天人一直坚持着以自力更生为主的方针，以强大的民族自信心，在艰苦的条件下脚踏实地地从事一次次的科学实验，才使得我国航天事业的道路越走越宽阔。

中国航天取得的每一次辉煌的成就，都烙印着中国航天人的伟大精神！

2003年，“中国太空探索第一人”杨利伟飞上太空，从根本上拓展了中国人数千年以来地域上的时空观念；

超越自我

2012年，刘洋实现"嫦娥奔月"的美丽传奇，改变了中国人对于现在和未来的想象！

正如麻省理工学院的副教授泰勒·弗拉维尔所说，"神九"在技术上的突破展示了中国"一直致力于成为拥有独立太空能力的一流航天大国"。

这十年，以"神舟"系列形成的"载人航天精神"为媒介，中国航天精神不仅成为"航天人"的行业和职业标杆，更成为全社会和全体中国人"追求理想、超越自我"的全民奋斗精神的榜样与偶像！

从"航天人"到"中国人"，中国共产党特别是胡锦涛的一系列讲话，通过提炼和概括新时代的"载人航天精神"，把传统"航天精神"演变成了对当代中国人具有普遍意义和时代价值的"中国人精神"。

航天人的攻关精神，启示中国人形成不懈探索、勇于创新的行业精神；

航天人的大力协作精神，启示中国人形成团结奋进的团队精神；

航天人对伟大祖国的赤子情怀，对民族复兴的殷切希望，启示中国人形成在共同的伟大事业中实现人生价值的爱国主义精神；

航天人生命不止、奋斗不息的奋斗精神，启示中国人挑战自我、战胜自我、超越自我的人生超越精神……

伟大的航天精神，启示着当代中国人重塑一种把为中华民族崛起而奋斗和实现自我追求与理想完美结合的全民奋斗精神！

胡锦涛在庆祝"神舟"七号载人航天飞行圆满成功大会上强调，全党全军全国各族人民要学习和发扬载人航天精神，万众一心、众志成城，奋发图强、拼搏奉献，努力为夺取全面建设小康社会新胜利、开创中国特色社会主义事业新局面而团结奋斗。

这是中国共产党以"载人航天精神"为载体，提炼、概括并重新诠解其普遍意义和时代价值，在社会主义核心价值体系建设中，重塑中国人"追寻理想、超越自我"的全民奋斗精神的十年。

变化
时空观念和奋斗精神

在长期的奋斗中，我国航天工作者不仅创造了非凡的业绩，而且铸就了特别能吃苦、特别能战斗、特别能攻关、特别能奉献的载人航天精神。载人航天精神，是“两弹一星”精神在新时期的发扬光大，是我们伟大民族精神的生动体现，永远值得全党、全军和全国人民学习。

——胡锦涛（在庆祝我国首次载人航天飞行圆满成功大会上的讲话）

1. 我在航天城
中国，北京，航天城。
“哇！这里是航天英雄们的家！我们来到了航天英雄们的地球基地！”小格格激动得难以言表了。
杰瑞掏出iPhone，自拍了一张，和航天英雄在太空向全国人民敬礼问好一样，然后分享到了微博——“我在航天城里，看大中华崛起飞天！”
从“神舟”一号安全回归，到“神九”璀璨升空，中国载人航天接连取得历史性突破。中国人的太空舞步跳得越来越精彩，越来越大气。中华民族正把一个个梦想的伟大跨越，标记在浩瀚太空之上。
这就是爸爸说的今年夏天最主流的地方，中国航天城，期待中！
呀，我赶紧数数有几个上天了，一，二，三……
以前，我们只有羡慕嫉妒恨，现在我们可是太空大跨步，一气冲上云霄了。这不，“神女”都上太空遨游啦。嫦娥月宫的美丽传奇成为现实。“神九”是航天人为国家交上的又一份满分答卷。

2. 航天精神：特别能
这次“神九”上天，咱中国又有新的国家名片了。这可是航天精神的最新成果。英国广播公司说，中国的太空项目正在创造新历史，这是通过将首位女航天员送进太空实现的。
真了不起，这一下子进入航天高端俱乐部了。在世界航天俱乐部中，只有7个国家的女性上过太空，而搭乘自己国家飞天的神女，唯有美国和俄罗斯。当刘洋从舱中走出，中国成为第三个拥有自由飞天神女的国度。
从一人到多人，从舱里到舱外，中国航天人发扬“特别能奋斗，特别能吃苦，特别能攻关，特别能奉献”的精神，才创造出如此辉煌的成就。
嘿，小屁孩，这些小case算什么，英雄们都是这样一路训练过来的，特别能吃苦，特别能攻关！百般修炼，他们才成了我们引以为豪的英雄呢！2003年10月，太空记住了一个杨利伟；2008年9月，翟志刚太空行走19分35秒；2012年，刘洋入住“天宫”……因为这四个“特别能”，他们才能成为航天英雄，成为国民偶像！四个“特别能”不仅是航天人的行为规则，更是现在各行各业人工作的职业操守和行为准则。
转椅转得那么快，秋千还荡得那么高，太恐怖了，一点都不好玩嘛。

3. 航天人铸就航天精神
快看！飞船！飞船！这就是载过航天英雄的飞船吗？
这个是模拟机。它和飞向太空的飞船倒是一模一样，从外型到内部构造都很一致，可惜这个不能飞呢……在航天员进行的所有训练中，利用模拟机进行综合任务训练要占40％的时间。
训练的项目真是多呀……不过他们最后都成了我们的航天英雄，我们都为他们锻造出来的航天精神倍感鼓舞！
做航天员可不容易，得在模拟机上先熟练操作各个零部件，好多航天员不看机器都能说出位置，熟记飞船的各种指令……航天人在这种高难度、高强度的工作下，形成了伟大的载人航天精神。
刻苦、勤奋与坚韧是中国航天员展示给世人的风采。他们耐得住寂寞、经得起风霜，只是因为热爱这个事业。
不仅是航天员，在整个“神九”飞天工作中，有无数服务于航天背后的人——他们的任务是搜救，是后勤保障，是用艰辛工作确保每个数据的准确，以保障载人航天运转顺利。正是这些航天人用自己的汗水与智慧，浇筑了中国航天的伟大业绩，打造出一个伟大的载人航天精神。

4. 自主创新能力
要训练这么多项目，要掌握那么多技术啊，航天人真了不起！所以，这次，“神舟”九号飞船与在轨运行的“天宫一号”目标飞行器能实现完美对接。
那是。“神九”的设计，不论是复杂的系统，还是不显眼的小细节，都是航天人自主研发的技术。
飞船和飞行器都在飞，居然能够像跑接力赛一样遇上！可是……如果它们对接的时候出现了意外怎么办！太空里又没有人来帮助它们！
细节决定成败。“神舟”飞船设计，大到一个复杂的系统，小到一个很容易被人忽视的细节，都是一个辛苦攻关的过程。每样东西都得很精密。好在我们的能力都修炼得十分强大了，自主创新能力很ok！什么问题都hold住，我们研发的技术那可是顶呱呱！
从“神舟”一号到“神舟”九号，所有的关键技术都是中国航天人独立自主突破的。每一次的突破都是自主创新能力的展现。奇迹，正是中国航天人凭着锲而不舍的精神，连续闯关才实现的。
小格格今天真肯动脑筋，咱航天事业可就是在格格式追问里不断完善、发展的。这次“神九”配置了十分高级的人控IMU，那是一个很小巧玲珑又完全静音的黑盒子。如果真出现了意外，小盒子就会立即启动，迅速捕获飞船位置、姿势，手把手引导航天员完成对接。这可是我们自主研发出来的最新技术，处于这个领域的最高水平哦，绝对有保障！

5. 中国正在崛起
无论是载人航天还是载人深潜，都是重大科技工程，代表了一个国家的科技发展水平。中国始终立足于自主创新，才能把握先机，赢得发展的主动权。2012年，“神舟”九号再次冲击世界航天新技术，中国航天事业终于冲上世界的巅峰。古老的东方中国，正在成为现代化的世界大国。
到航天博物馆见证一下中国航天事业的发展吧。
诺，看！那边那个是“东方红一号”的“孪生兄弟”备份星，现在看起来很不起眼了，但当年那可是如雷贯耳，无人不晓，直接开辟了中国的“太空”时代。中国航天事业发展到今天，就像经历了一次长征。虽然比发达国家晚了几十年，但每走一步都是历史性跨越！
这样……我们在太空也实力非凡，大国范儿闪闪，还真是“东方红太阳升”了，绝对拥有话语权！
天宫实验室不断完善，最终会和其他大国的太空基地相媲美，咱在太空可就也有空间站这个基地了！咱也进入“畅游太空”大国俱乐部了！随着中国航天事业的发展，中国在国际舞台上扮演着越来越重要的角色。

6. 从“两弹一星”开始

载人航天技术的
发展水平，是衡量一个国家
综合国力的重要因素，是只有大国
才有实力角逐的游戏。一个国家要想
成为大国，必须掌握制空权。这都是
从当年“两弹一星”的研制和
成功就开始的……
中国航天之父钱学森
钱学森爷爷的故事我
听说过，当年他放弃国外优越的生活
条件和社会地位，冲破重重阻挠，回到祖
国，为我国的导弹事业做出了巨大贡
献。他的精神真伟大！
航天、制空权、
太空攻坚战之旅，正是靠
那些终身践行科学强国理想的科
学家们日夜奋斗、前仆后
继才得以实现的。
嗯，他们这些英雄虽然没
有在战场上抛头颅洒热血，但是精神的
有过之而无不及！勇攀高峰、永不止步，
学求实、一丝不苟。若不是他们对自己很
“残忍”，绝对高标准要求自己又默默
奉献不求回报，哪里会有中
国人现在的扬眉吐气啊！
从1970年中国第一
颗人造卫星“东方红一号”成功升空，
到2003年10月15日“神舟”五号载人飞船升空，
再到今天的“神舟”九号成功与“天宫一号”目标
飞行器对接……一代又一代航天人在不懈奋斗中，形
成了“两弹一星”精神、航天精神、载人航天精神，
形成了一种永不枯竭的强大的推动力，推动着
中国航天事业不断发展壮大。
他们是中国
航天事业崛起腾飞
的真正见证人，他们
谱写了我国航天事业发
展史上的辉煌成就，
为中华民族增添了
宝贵的精神
财富。

7. 制度凝聚强大力量

老航天人真了不起！

那是，航天领域个个都是英雄！

老一辈航天人在艰苦的条件下，默默奉献，推动了航天事业的发展。他们是中国航天事业的推动者，自觉把个人的理想与祖国的前途命运联系在一起。

8. 航天为人民谋福
现在不管身在哪里，只要一说起“神九”，那是相当的自豪。我们望向的都是同一片星空。不管身在哪里，仰望星空，能看到自己国家航天技术的太空身影，感到很自豪，很温暖。
何止是身影！等到北斗卫星导航系统建好了，咱都不用仰望星空，每时每刻、无处不在地都能感受到国家的力量了。中国航天事业不仅是中国大国实力的展现，更是中国民生工程的需要。从导弹研发到火箭升空，以及“神九”飞天，每一次都是秉承为人民谋福的终极理念。国家实力的展现不是停留在遥远的太空，而是就在我们的身边。
是不是我们也能飞到太空旅游了？哇，可以去看嫦娥仙子了。
2003年，杨利伟写下日志：“为了人类的和平与进步，中国人来到太空了……”航天技术用于民生，是和平年代航天的使命，是中华民族和平发展的又一明证。“神九”上搭乘的试验材料，以及航天员所做的所有太空实验的目的，都是为了民生。2011年12月27日，北斗卫星导航系统正式提供试运行服务，已经在电信、水利、交通运输、气象、渔业、林业、测绘等领域发挥了巨大的作用……
原来你到太空，是为了看嫦娥仙子啊！我还以为……
设想一下，你头上很高很高的地方就有别国的太空设施，你干什么人家都看得清清楚楚，你有什么感觉？因此，我们也要发展航天技术！

9. 我为我的祖国骄傲

哼，嫦娥仙子多好啊，每天都在太空遨游。我也要做航天员，像杨叔叔、聂叔叔、景叔叔、刘阿姨一样，到太空中去！再辛苦的锻炼我都能克服，再困难的关卡我也能冲过去，他们都能做到，我也能！我的航天梦也会一样强大！
那你也能像杨利伟叔叔很骄傲地说，“我看到咱们的家了”！这个家，是我们自己的家园，也是我们的祖国：“所以每次飞行经过祖国的上空时，只要是白天，我们都会飘到舷窗那儿，去俯瞰我们美丽的祖国。很多人问你们都看到了什么？我们看到了美丽的海岸线，看到了我们的长江，我们的母亲河，还有宝岛台湾。这份骄傲和自豪，无法表达！”我为我们的祖国感到骄傲！
学航天从娃娃抓起，那你可要说到做到哦，为中华崛起而奋斗，先学习航天精神，成为你自觉的行动。从今以后你要好好学习，学会坚强，学会独立，不能一碰到困难就哭鼻子、喊爸妈哦。
是啊，多美啊：“当我第一次能把束缚带解开，我迅速漂浮到舷窗边去看外面的世界，去俯瞰人类赖以生存的美丽家园。蔚蓝的地球上空飘着淡淡的白云，非常漂亮，无比壮观，这一刻，我深深为我们的国家和人民感到无比骄傲和自豪，这一刻感到作为一个中国人是多么的了不起。”

10. 重塑中国人的精神

就像中国载人航天总工程师写的信中说：“你们是中国航天事业的未来和希望！茫茫太空是属于有志者的，广袤的宇宙等待着你们去开发！”

格格，坚持住，你要从现在做起哦。

放心吧，小case，从现在起我要学科学，爱科学，做好准备，更要有坚持。

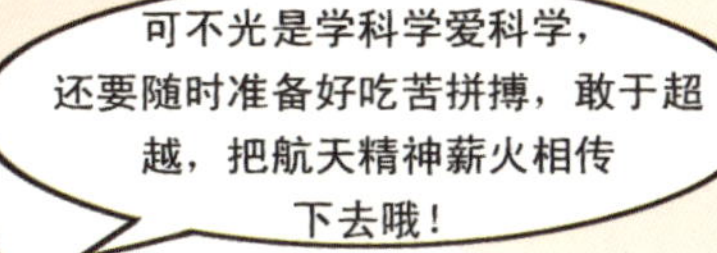

载人航天精神，是“两弹一星”精神在新时期的发扬光大，是我们伟大民族精神的生动体现。这里有对本职工作的兢兢业业，有对科学钻研的精益求精，有对伟大祖国的赤子情怀，有对民族复兴的殷切希望……它在重塑着中国人的精神！
可不光是学科学爱科学，还要随时准备好吃苦拼搏，敢于超越，把航天精神薪火相传下去哦！

它也在激励着我们广大青少年努力学习，奋发向上，立志报效祖国！浩瀚无际的太空，神秘辽远的宇宙，还有无穷的奥秘等待着我们去探索去发现，我们应该用航天精神去征服学习上的一个又一个星球，一片又一片宇宙，实现新的梦想，创造新的光荣。格格，你，一定行！

以载人航天精神 重塑全民奋斗精神

载人航天精神

在庆祝“神舟”六号载人航天飞行圆满成功大会上，胡锦涛指出：“我国实施载人航天工程13年来，广大航天工作者牢记使命、不负重托，培育和发扬了特别能吃苦、特别能战斗、特别能攻关、特别能奉献的载人航天精神。”

这种精神，具体表现为热爱祖国、为国争光的坚定信念，勇于登攀、敢于超越的进取意识，科学求实、严肃认真的工作作风，同舟共济、团结协作的大局观念，淡泊名利、默默奉献的崇高品质。

NO.1 热爱祖国、为国争光的坚定信念

“广大航天工作者自觉把个人理想与祖国命运、个人选择与党的需要、个人利益与人民利益紧紧联系在一起，始终以发展航天事业为崇高使命，以报效祖国为神圣职责，殚精竭虑、呕心沥血，奋力拼搏、挑战极限，表现出了强烈的爱国情怀和对党对人民的无限忠诚。”

NO.2 勇于登攀、敢于超越的进取意识

“在我国载人航天工程比世界航天大国起步晚30多年的情况下，广大航天工作者知难而进、锲而不舍，勤于探索、勇于创新，攻克了飞船研制、运载火箭的高可靠性、轨道控制、飞船返回等国际宇航界公认的尖端课题，不仅在一些重要技术领域达到了世界先进水平，而且形成了一套符合我国载人航天工程要求的科学管理理论和方法，创造了对大型工程建设进行现代化管理的宝贵经验。”

NO.3 科学求实、严肃认真的工作作风

“广大航天工作者始终坚持把确保成功作为最高原则，坚持把质量建设作为生命工程，以提高工程安全性和可靠性为中心，依靠科学，尊重规律，精心组织、精心指挥、精心实施，在任务面前斗志昂扬、连续作战，在困难面前坚忍不拔、百折不挠，在成就面前永不自满、永不懈怠，创造了一流的工作业绩。”

NO.4 同舟共济、团结协作的大局观念

“全国数千个单位、十几万科技大军自觉服从大局、保证大局，同舟共济、群策群力，坚持统一指挥和调度，有困难共同克服，有难题共同解决，有风险共同承担，充分发挥社会主义制度能够集中力量办大事的政治优势，凝聚成一股气势磅礴的强大合力。”

NO.5 淡泊名利、默默奉献的崇高品质

“我国载人航天事业取得的辉煌成就，凝聚着我国几代航天人的艰辛和奉献。长期以来，广大航天工作者不计个人得失，不求名利地位，以苦为乐，无怨无悔，为航天事业奉献了青春年华，奉献了聪明才智，有的甚至献出了宝贵生命，书写了许许多多可歌可泣的感人事迹，涌现出许许多多可敬可佩的时代英雄。他们用自己的青春、智慧、热血和生命铺就了通往太空的成功之路。”

NO.6 科学发展是实现发展目标的必然要求

“广大航天工作者牢固树立科学发展理念，尊重科学、尊重规律，发扬求真务实精神……确保了工程建设和重大试验顺利实施，促进了载人航天工程全面协调可持续发展。”

NO.7 社会主义制度是凝聚强大力量的政治优势

“各系统各单位始终坚持社会主义大协作，自觉讲大局、讲团结、讲奉献，形成了全国一盘棋、全力为成功的强大合力，谱写了万众一心、团结奋进的时代凯歌。实践再一次告诉我们，社会主义制度能够集中力量办大事是我们国家的显著政治优势，是我们战胜艰难险阻、创造历史伟业的强大制度保证。”

NO.8 自主创新是掌握民族发展命运的关键之举

“我国载人航天工程靠自力更生起步、在自主创新中发展。广大航天工作者勇于探索、善于创造、敢于超越，始终瞄准世界航天科技前沿，攻克一道道世界性难题，掌握一大批具有自主知识产权的核心关键技术……使我国加速跻身于世界航天大国之列。”

中国共产党用载人航天精神重塑中国人的精神

胡锦涛的一系列讲话，提炼了“载人航天精神”，揭示了它对于当代中国人的普遍意义和时代价值，为深入持久地弘扬载人航天精神，推动社会主义核心价值体系建设，重塑中国人的精神，提供了思想和理论的指导。

这十年，中国共产党大力弘扬载人航天精神，在每个中国人心中植入“航天梦”，并赋予其普遍意义和时代价值，在社会主义核心价值体系中重塑为中华崛起而奋斗和追寻理想、超越自我的中国人精神，提升更加完美的全民奋斗精神。

NO.6

撼山易，撼中国难：

以抗震救灾精神为核心的新国民精神

这是中国人民面对灾难，百折不挠，众志成城，自力更生，重建家园的十年。

这十年，中国人发扬“一方有难，八方支援”的精神，万众一心，与天斗与地斗，共同与灾难殊死拼搏。

这十年，中国人在灾难面前，铸成坚不可摧的长城，向世界斩钉截铁地宣告一种态度——“任何困难都吓不倒英雄的中国人民！”

这十年，震撼中国——灾难唤醒了我们伟大民族的优秀品质，在灾难中挺立着一个伟大的中国，在不屈的抗争中再次彰显了震撼世界的抗震救灾精神，重塑了伟大的大国国民。

这是中国共产党把以人为本的执政理念和生命至上的人性价值观念相结合，弘扬抗震救灾精神，推动社会主义核心价值体系建设，培育新国民精神的十年。

十三亿人汇聚的力量

汶川不哭，中国加油！

那一刻，世界将所有目光投向中国，而中国则用不屈的精神感动了世界，也征服了世界……

党中央、地方、各部门、全民总动员，万众一心，众志成城，同灾难顽强抗争，显示了中国人民和中华民族的伟大力量！

《澳大利亚人报》说：为了救助四川受灾群众，所有中国人都“敞开了心怀，打开了钱包，张开了血管”。

在中国共产党的领导下，全国人民与汶川守望相助，凝聚成抗震救灾的强大合力，形成**大国公民**新形象。

2008 年 6 月 12 日，美国《侨报》发表社论道：“汶川大地震过去整整一个月时间了。……在天地不仁、山河开裂的时刻，中国变得前所未有的强大。这种强大，就在于中国积聚已久的**‘软实力’**的真正爆发。”

从抗震救灾到重建家园，每一个中国人都用自己的方式诠释着抗震救灾精神！

抗震救灾精神是志愿者在灾区忙碌的身影，是全国上下和衷共济、捐款捐物的热情，是灾区群众自立自强重建家园的坚定信念……

团中央书记处书记卢雍政说：在青年身上，不畏艰险、百折不挠的无畏气概，坚韧品格，就是抗震救灾精神的体现。

以人为本、生命至上，万众一心、众志成城，自强不息、顽强拼搏，科学理性、开放透明……中国共产党以抗震救灾精神，重塑着中国人的精气神。

它让中国人对生命至上有了切身和鲜活的体验：**“只要有一线希望，只要有一点生还可能，我们就要作出百倍努力……”**

它以一个个**“大写的人”**，让以人为本的执政理念成为具体的形象：全国哀悼日，神州大地，警笛长鸣，山河肃穆，为那些逝去的人送行。五星红旗第一次为普通公民而降。中国共产党以国家的名义给予人民最高的尊严，诠释了对生命的尊重，彰显了对人民的爱与责任。

它让中国人对**崇高和责任**有了更深刻的理解：“在大地震面前，一个人、十个人、一百个人、一千个人……力量太渺小了，但是，十三亿人的力量加起来却是那么强大！我深深地感受到，**中华民族是一个伟大的、不可战胜的民族。**”

它赋予这种民族精神以世界化、现代化和时代化的内涵和价值。一如88岁的萨马兰奇在发给中国媒体的电子邮件中说：**“中国人民在地震发生后，所展现的与灾难顽强斗争的伟大精神，本质上和奥林匹克精神是一脉相通的。你们的坚强意志和挑战极限的精神，是对奥林匹克精神内涵的最好诠释。”……**

中国人看到了，世界也看到了，灾难中挺立一个伟大的国家，崛起一群伟大的国民——从中国到世界，都看到了由此迸发的**中国精神、中国力量！**

这，是社会主义核心价值体系的重要内容，是民族精神在新时期的升华！

它赋予社会主义核心价值体系以更丰富的内涵，它激励着中国人在灾难中挺立，在困难中前进，在自强中奋进，在伟大的抗震救灾精神中成为“大国国民”！

“在同特大地震灾害的艰苦搏斗中，我们的民族和人民展示出了十分崇高的精神。这就是万众一心、众志成城，不畏艰险、百折不挠，以人为本、尊重科学的伟大抗震救灾精神。”
——胡锦涛（在抗震救灾先进基层党组织和优秀共产党员代表座谈会上的讲话）

变化
中国精神
中国力量

1. 灾区重建：民族自强
那场百年不遇的地震，曾经摧毁了美丽的家园。四年过去了，灾区怎样了？经历过灾难的人民怎么样了？四年了，汶川就像一个受过伤的孩子，它能走出悲痛吗？它能站起来吗？ 一个个“它能吗？”的提问，牵动了所有中国人的心，牵动着那些热爱中国的心。今天，他们不是观光和踏青，而是去感受一种不屈的性格，一个民族自强的身影。
汶川还好吗？灾后重建的新城会是什么样？
早就听爸爸说过新城很漂亮，今天真想早点看个究竟。听老师讲，灾区人民可坚强了，地震摧毁了家园，他们不哭，重建新家园。再大的困难都难不倒他们。
2008年5月12日，中国巴蜀大地经历了一场百年不遇的地震。俄新社评论说：“一个总理在两小时内飞赴灾区的国家，一个能够出动十万救援人员的国家，一个企业和私人捐款达到数十亿的国家，一个因争相献血、自愿抢救伤员造成交通堵塞的国家，永远不会被打垮。”

2. 再造新北川：多难兴邦
漂亮的新楼房，宽敞的柏油马路，道路两边店铺林立，正好赶上集市，欢笑的人们在挑选着自己需要的物品……
这是新建的北川新城吗？哇，真漂亮，一点也看不到灾难的影子。
四年前，地震一来，汶川成了一座死城，到处都是废墟。“多难兴邦”，在一方有难八方支援下，在不屈不挠的强大民族意志下，废墟之上硬是再造出了一个新城！
中国速度，真给力！这种魄力让人震撼！
“多难兴邦”！再造新北川，不仅是一种纪念，更是地震灾区人民和全国人民伟大精神的一种象征！它纪录一个政党的决心，一个民族的意志！它纪录让世界惊叹“中国原来是这样”的中国精神和中国力量。

3. 永昌镇：众志成城

这县城的名字叫“永昌镇”，还是国家主席亲自命名的呢。国家主席为一个县城取名，那这座县城的意义该有多重大啊！

永昌镇是北川新城，也是大地震后唯一一个整体异地迁建的县城。震后19天，中央就紧急决策，启动对口支援机制。举全国之力把抗震救灾进行到底，举全民之力重建家园。

西方媒体曾预言：“汶川地震灾后重建是世界性难题。”“挑战是巨大的，应对这些挑战将是历时多年的繁重任务。就我们的经验看来，在这种规模的地震之后，重建需要5年到10年。”

中国政府提出的重建时间是：3年。2009年“两会”政府工作报告，又将时间提前为两年。

原来的老县城被地震彻底毁了，迁移到新地，起名叫永昌，寓意是大灾过后从此一帆风顺，永远繁荣昌盛。这县城啊，还是一座园林城市呢，城里面有许多水景观，非常美。

为了让灾区的小朋友在废墟上重建起美好的家园，我还把储蓄罐的钱都捐了呢。

四年过去了，中国共产党用事实兑现了承诺！家家有房住、户户有业就、人人有保障、设施有提高、经济有发展、生态有改善……“在这里，我看到政府和民众团结在一起！”

4. 巴拿恰街：自力更生
新的永昌镇，新的镇子、新的商铺、新的街道，以及人们新的微笑……重建后的灾区一片繁华的景象。谁能想到，四年前，这里只是一片稻田和农舍！谁能想到，活在这里的多数人，都经历过四年前的自然浩劫，而他们的家人、朋友、熟人，已经永远地失去了！
漂亮的羌族首饰让小格格爱不释手，这个挑挑，那个拣拣。“您甭看我这摊子小，甭瞧我年纪不大，但是，我这边的货物都是精挑细选来的，好看！样儿多！”“摆摊不容易啊，政府没给些补贴吗？”“看您说的，当然有啊！”一旁的杰瑞插嘴，“那您还出来摆摊啊？都遭了那么大的灾了！”
妈妈，你看这个首饰真好看，我们买一个作纪念吧。
这可是永昌最著名的羌族商业街！这次新城建设得真漂亮，遭遇这么大的灾难，这里人的精神看起来都还不错。想起当年全国的支援建设，感觉好像就在昨天。
咱不能因为受灾了，就死赖着国家不是！我们要自力更生，艰苦奋斗。这可是总书记说的啊！

5. 新北川中学：以人为本
这座“5·12”特大地震中受损最严重的学校，已经成为一种“以人为本”的象征！新北川中学，建筑外墙以黑灰白三色为主，但校园到处跃动着羌族服饰中常见的红黄蓝绿黑五色。在新北川中学，每一种色彩都代表着一种精神，当所有的色彩都点亮的那一刻，美丽的五星将会呈现……
在震后9个小时内，生还的北川中学师生硬是用自己的双手，从废墟中扒出200多个被困的生命；中国政府庄严承诺：“只要有一线希望，只要有一点生还可能，我们就要作出百倍努力！”中国人举全国之力共建“生命之舟”，还有灾后160多个小时被救出的幸存者……
这一天，大地震撼，震荡在每一个人的心间；千万双援助的手，伸向废墟前，生命的奇迹不断地涌现；我们倾力，让更多的人能从灾难中生还！
世界在关切中国，中国在撼动世界。撼动世界的不是地震本身，而是中国人民在灾难面前发扬的民族精神，是赈灾过程中写下的一个个大写的“人”字。正是这个“人”字，体现出中华民族的价值取向。

6. 从科学救灾到现代化新城

5平方公里的北川新城，竟然就有200多个视频监控，太不可思议了！

这不过是数字化管理的一个侧面而已，北川新城以最先进的数字化管理城区，5平方公里分成12个单元网格，实现了网格化、精细化、数字化、制度化、人文化的城市管理。

36年前，唐山大地震，寻找震源用了一整天。在汶川大地震中，8分钟就完成了。尊重科学是为汶川赢得宝贵救援时间的法宝。现在新城利用高科技，再次合理规划，规范管理，这也为灾区重建树立了好样板。

2008年7月3日，国务院发布的《关于做好汶川地震灾后恢复重建工作的指导意见》中指出：“坚持尊重自然、尊重规律、尊重科学。”2008年9月30日，温家宝接受美国《科学》杂志主编艾伯茨专访时，提到了抗震救灾：一是出于对人民的热爱，二是要科学地进行组织领导工作。

7. 地震纪念园：生命至上
这次咱们来汶川，去地震纪念园看看，很有纪念意义。
那些遇难的人在那里被纪念着吗？
地震纪念园是纪念亡灵、铭记灾难的地方，这充分彰显了尊重生命、善待生命。
中国人在泪水中接受着生命教育：在这场前所未有的劫难中，我们前所未有地正视生命和人本身。这让我们懂得了关爱，懂得了感恩，懂得了责任，懂得了“人”字应如何书写。这是对生命价值的理性回归，也是迈向现代文明的重要标尺。
5·12主题纪念园
你看，指针停在14点28分。让我们为汶川地震中死去的孩子们祈祷！
“妈妈/别担忧/天堂的路有些挤/有很多同学和朋友/我们说/不哭不哭/哪一个人的妈妈都是我们的妈妈/哪一个孩子都是妈妈的孩子/没有我的日子/你把爱给活着的孩子吧。”

8. 新北川县城：开放与透明
这次抗震救灾，中国政府将灾情透明化，接受世界监督。“一切都在聚光灯下进行，让世界各地的人都能看到中国是在如何应对困难。”
的确，汶川大地震的信息透明度是中国历史上前所未有的：受灾群众的情况，救灾情况以及伤亡情况，都是第一时间向世界公布……央视24小时播出汶川救援的最新进展，外国记者还进入灾区，这样的开放程度在中国以往的突发事件中绝无仅有！
透明的信息不能减轻已发生的灾情，却为抗震救灾工作的展开赢得了更多的时间和机会。
汶川抗震救灾和重建家园的成功，不仅是中国人的胜利，也是国际合作的成功。在这场救灾中，中国主动邀请国际援助，有力地将国际资源引入到救灾中。在别人危难之际，大方地支援；在自己危难之际，能够得到救助，这充分体现了高度的国际人道主义精神，也展现了我们国家的自信和开放。

9. 中国力量，中华气魄
这次抗震救灾，让世界见识了中国力量，国际上对中国的信任也不断增强。让世界信任的不仅是中国的大国姿态，更是在抗震救灾中体现出来的中国力量。
党和国家领导人、人民军队，共产党员和志愿者在大灾大难面前的非凡表现；政府卓越的组织能力、应急能力和社会动员能力；社会公民意识觉醒，人们以各种形式支援和参与；中国人不断增强的道德意识、健康意识、危机意识、责任意识、志愿公益意识……这些都是改革开放30多年让这个国家成长起来的明证！每一项都展示了中国的影响力。
最重要的是，在中国共产党的领导之下，13亿中国人在灾难中汇聚起一股强大的精神洪流，使世界为之震撼。中国人在灾难面前的守望相助，让人们看到了一个伟大民族的精神实质——这，就是软实力的源头。
任何困难都吓不倒英雄的中国人民！
2008年6月12日，美国《侨报》发表社论道：“汶川大地震过去整整一个月时间了。从‘5·12’开始，从揪心、伤心，到决心、爱心，中国人经历了刻骨铭心的一个月，中国的表现浓缩了30年变革的成就。在天地不仁、山河开裂的时刻，中国变得前所未有的强大。这种强大，就在于中国积聚已久的‘软实力’的真正爆发。”

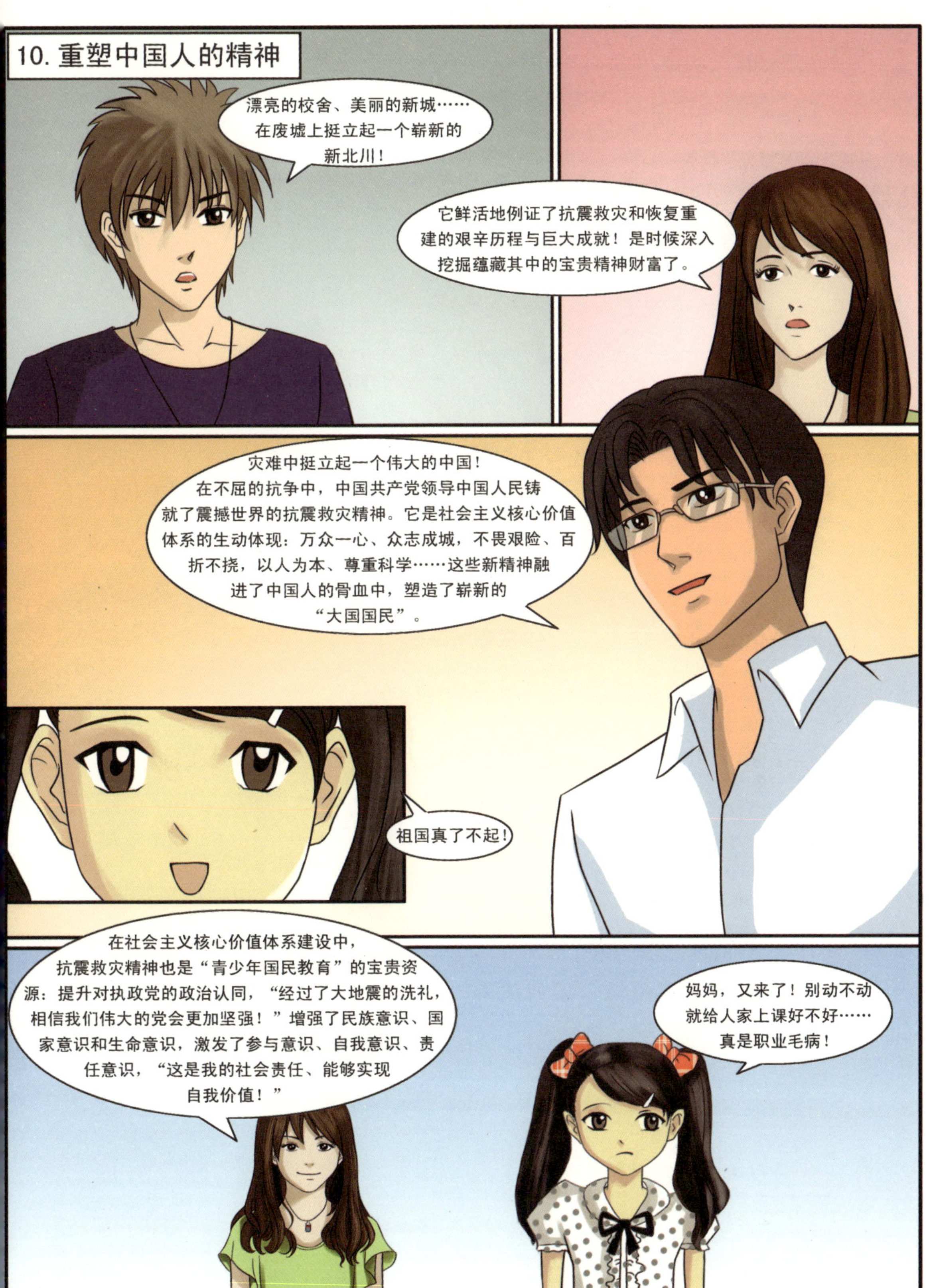
10. 重塑中国人的精神
漂亮的校舍、美丽的新城……在废墟上挺立起一个崭新的新北川！
它鲜活地例证了抗震救灾和恢复重建的艰辛历程与巨大成就！是时候深入挖掘蕴藏其中的宝贵精神财富了。
灾难中挺立起一个伟大的中国！在不屈的抗争中，中国共产党领导中国人民铸就了震撼世界的抗震救灾精神。它是社会主义核心价值体系的生动体现：万众一心、众志成城，不畏艰险、百折不挠，以人为本、尊重科学……这些新精神融进了中国人的骨血中，塑造了崭新的“大国国民”。
祖国真了不起！
在社会主义核心价值体系建设中，抗震救灾精神也是“青少年国民教育”的宝贵资源：提升对执政党的政治认同，“经过了大地震的洗礼，相信我们伟大的党会更加坚强！”增强了民族意识、国家意识和生命意识，激发了参与意识、自我意识、责任意识，“这是我的社会责任、能够实现自我价值！”
妈妈，又来了！别动不动就给人家上课好不好……真是职业毛病！

以抗震救灾精神重塑新国民

抗震救灾精神

抗震救灾精神是一种以人为本、**生命至上**，万众一心、众志成城，**自强不息、**顽强拼搏，**科学理性、**开放透明的精神。

胡锦涛指出：“**伟大抗震救灾精神**，是爱国主义、集体主义、社会主义精神的集中体现和新的发展……是中华民族民族精神在当代中国的集中体现和新的发展。”

NO.1 生命至上：以人为本

温家宝说：“摆在我们面前的第一位的任务是抢救被困人员。抢救人的生命，是我们这次救灾工作的重中之重。”新加坡国立大学东亚研究所所长郑永年评价说：**“中国政府把人的价值凸显出来了。”这是中国共产党“以人为本”执政理念的体现。**

NO.2 举全国之力：把抗震救灾进行到底

温家宝指出：**“举全国之力把抗震救灾进行到底。”**全中国人都有了一个共同的名字：“汶川人！”特里斯坦•勒布拉评论道：“在这里，我看到政府和民众团结在一起。”

NO.3 众志成城：顽强拼搏

胡锦涛第二次赴灾区指导抗震救灾时特别强调：“中华民族历来具有在艰难困苦面前不屈不挠、团结奋斗的光荣传统。只要全党全军全国各族人民**众志成城、顽强拼搏**，我们就一定能够克服各种困难，夺取这场抗震救灾斗争的全面胜利！”

NO.4 多难兴邦

2008年5月23日，温家宝在北川中学安置点，用粉笔写下四个大字**“多难兴邦”**。“我们要记住这4个字，相信经受过灾难的同学会更加努力。”“将来会有一个新的北川中学。它将不仅是一种纪念，更是地震灾区人民和全国人民精神的一种象征。”

NO.5 自强不息

2008年6月1日，胡锦涛在大巴山深处防震棚的黑板上写下“一方有难，八方支援；自力更生，艰苦奋斗”16个大字，号召灾区奋起自救，全国人民一起自强不息。

NO.6 人道主义

汶川地震时，中国不拒绝外国援助，主动寻求外援，是人道主义精神的体现。法国《费加罗报》评价说：“向外国求助证明把受灾群众需要放在首位”，“中国以一种更开放的态度接受援助……国际上对中国的信任也不断增强。”

NO.7 中国人与国家同命运共呼吸

“中国和世界都在这次灾情的信息传播中，感受到了信任和知情权被尊重，国人更借此与国家同命运共呼吸。”清华大学公共管理学院副教授彭宗超说，这体现了中国政府社会管理能力的提高和执政理念的进步。

NO.8 党的执政力

抗震救灾和恢复重建的全面胜利，凸显党的凝聚力、创造力以及文化力：第一时间启动政府紧预案，第一时间投入救援，第一时间公开信息，第一时间走出死亡的阴霾，第一时间重建家园……无数个“第一时间”，让世界看到了一个有着高度执行力的党。

中国共产党用抗震救灾精神重塑中国人的精神

抗震救灾和恢复重建取得的巨大成就及其蕴涵的伟大抗震救灾精神，充分展示了我们党以人为本、执政为民的执政理念和非凡的执政能力，展示了社会主义制度的巨大政治优势，展示了中华民族强大的凝聚力和向心力，集中体现了以爱国主义为核心的民族精神和以改革创新为核心的时代精神，必将成为激励我们不断推进中国特色社会主义伟大事业的强大精神力量。

中国共产党通过大力弘扬抗震救灾和恢复重建形成的宝贵精神财富，深入开展社会主义核心价值体系教育，重塑中国人崭新的国民精神。

NO.7

知荣辱，明得失：

以社会主义荣辱观为核心的社会道德精神

这是知荣辱，明得失，
中国共产党用社会主义荣辱观重塑中
国人精神，引领公民道德风向标的十年。

这十年，以“八荣八耻”为主要内容的社会
主义荣辱观，激发全体公民追求崇高的精神境界，
树立是非善恶美丑的标准。

这十年，中国人以社会主义荣辱观为导向，践行社会主
义荣辱观，推动社会主义和谐社会的全面发展。

这十年，从社会主义核心价值体系建设到“最美热”，
中国共产党以社会主义荣辱观，重塑着中国人的道德
精神。

这是中国社会道德风尚全面提升，知荣明耻，展现
公民道德新风貌、追求真善美
的十年。

在市场经济中，师德的滑坡、医德的下滑、商德的丧失……社会生活中各种行为，不断触及道德底线。

在社会转型期，矛盾错综复杂，多元化思潮相互碰撞……我们应该做什么，怎样做，标准是什么，成为大问题。

谁来捍卫全社会的诚信体系？凭什么来重建中国人精神？

以“八荣八耻”为核心内容的社会主义荣辱观，为我们提供了一个可操作的途径。

2006年，胡锦涛在看望全国政协十届四次会议民盟、民进联组委员时发表重要讲话指出，要引导广大干部群众，特别是青少年树立以“八荣八耻”为核心内容的社会主义荣辱观。

“八荣八耻”是社会主义核心价值体系的重要内容，它为中国人指出了构建和谐道德的途径，明确了当代人的道德标杆。

中共中央党史研究室副主任李忠杰说：“每个‘荣耻’，都是一种尺度，一个标杆，一面旗帜，旗帜鲜明地表达了当代中国共产党和中国人民的价值取向。”

中国人掀起了学习和践行社会主义荣辱观的高潮。

2006年10月，党的十六届六中全会审议通过《中共中央关于构建社会主义和谐社会若干重大问题的决定》，明确提出要建设社会主义核心价值体系，树立社会主义荣辱观，培育文明道德风尚。

社会主义荣辱观的出台，明确了标准，成为凝聚全民族的道德共识，它是坚实的道德基石，是促进社会和谐的坚强纽带，是重塑中国人的道德信仰的风向标。

在社会主义核心价值体系建设中，社会主义荣辱观要把中华民族传统美德与时代精神有机结合起来，具有很强的民族性、时代性和实践性。

它体现了社会主义基本道德规范和社会风尚的本质要求，体现了社会主义价值观的鲜明导向。

它成就道德引导力量，形成社会道德约束力，引导和帮助中国人自我约束、提升境界、宽容谅解，重塑中国人的精神。

它推动形成良好社会风气，协调各种利益关系、化解各种社会矛盾，为构建社会主义和谐社会打下良好的道德基础。

践行“八荣八耻”，弘扬社会主义荣辱观，推动社会主义核心价值体系建设……

迷茫的中国人有了正确的价值导向，形成了崭新的社会道德精神。

从“最美妈妈”、“最美护士”到“最美农妇”……

神州大地出现“最美”热。一个个平凡的英雄，一次次进入公众的眼帘，一次次触动国人的心弦，激发国人对真善美的追求。

“‘最美’是社会主义核心价值体系在当代中国人身上的集中体现；‘最美精神’从思想和精神层面对社会主义核心价值体系作了生动诠释。”

从社会主义核心价值体系建设到“最美”热，中国共产党以社会主义荣辱观，重塑着中国人的社会道德精神！

要教育广大干部群众特别是广大青少年树立社会主义荣辱观，坚持以热爱祖国为荣、以危害祖国为耻，以服务人民为荣、以背离人民为耻，以崇尚科学为荣、以愚昧无知为耻，以辛勤劳动为荣、以好逸恶劳为耻，以团结互助为荣、以损人利己为耻，以诚实守信为荣、以见利忘义为耻，以遵纪守法为荣、以违法乱纪为耻，以艰苦奋斗为荣、以骄奢淫逸为耻。

——胡锦涛（《牢固树立社会主义荣辱观》）

变化
"最美"的中国人

1. 微博：00后达人
闪开，00后达人来了！全宇宙都阻止不了我们00后！杰瑞，把电脑让给我，我要刷微博！
你还刷微博？你有粉丝吗？僵尸粉！
切！植物人才大战僵尸！本格格的微博粉丝早已经“破万”了！@你一个话题：“00后眼中最美的人”！帮我@给你那些狐朋狗友！
自从上次从雷锋说到“最美的人”，格格就动了念头，要用新媒体的方式，表达她的意见和看法：“虽然80后、90后还是个热门话题，但我们00后，已经登上历史舞台，要书写自己的篇章！00后眼中第一个最美的人，就是雷锋！”哈，她现在可是新浪微博达人！
格格从什么时候玩起微博了？我真是奥特曼了！现在团中央发文件，对我们开微博提出了硬性要求，鼓励各级团干部和青年工作者以个人名义开微博，用好新媒体，“抓基层”、“建组织”，把每一个人都做成面向青少年的“自媒体”……我的微博粉丝还没上千呢！

2. 荣辱观：分辨是非的价值标准
14:20，新浪要对本格格作一个微访谈：为什么雷锋是00后眼中最美的人？谈如何让“40后”雷锋走进“00后”心中？欢迎大家刷屏！
刷屏？微博是一个新的公共话语空间，格格真的蛮像一个新意见领袖啊！
严肃点！我们要探讨一个很重大的话题。什么意见领袖？是领秀！我们00后是领秀者——show个性，秀出创造力，秀出我们“最美”的潮流和不一样的未来！
那这一次你想“秀”什么话题呢？
向雷锋叔叔学习，践行社会主义荣辱观，做“最美”的人！
盘点近两年的微博热点话题，一个个都指向“中国社会道德风尚”。什么是荣，什么是耻，已经成为需要全社会共同探讨的话题。“中国人的道德底线是什么？我要怎么做，才能保住社会的善良火种，重塑民族的道德风尚，赢得这个世界的未来？”中国人应该给自己一个答案，也给时代一个答复！从雷锋开始，是一个比较好的选择。因为，雷锋就是“知荣知耻”的代表，雷锋精神就是社会主义荣辱观的最好代表！

3. 从“卡通雷锋”到“最美”的人

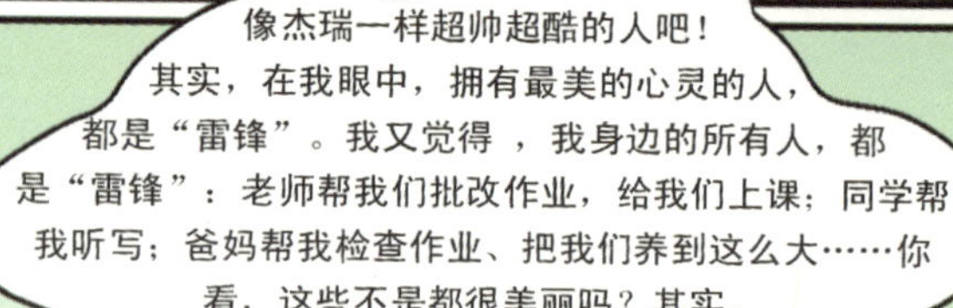

4. “最美中国人”：守住民族的德魂

5. 我们都是参与者
为什么要我们要@“00后眼中最美的中国人”？！因为我们想让感动我们的人去感动其他人，让我们发现的“最美的中国人”去影响其他的中国人！
等等，爸爸还在理自己的思路……更多普通的中国人面对这种“最美热”的自觉“围观”，体现了这个时代的真谛：网友自发发现“最美的中国人”，自觉地传颂“最美”，影响并推动身边人包括自己去做“最美的事情”……
世界现在是谁的我不知道，但我知道的是，它马上就是我们00后的！所以，我们为什么不把它建设得更美好呢！
啊！就是这个！在自媒体时代，我们都是社会主义荣辱观的参与者而非旁观者！格格，让我们一起@出“一个最美的中国”！哈哈！

6. “最美”的00后
你们爷俩干嘛呢？我才织一条围脖的时间，怎么感觉家里的氛围发生了天翻地覆的变化！
嘿，老婆，我和格格找到了把你@成“最美的麻辣教师”的法子！我终于明白了团中央为啥要让我们开微博了——网络和新媒体成为与青年进行沟通的主要方式！
嘿嘿，你们快看，现在这个微访谈多火暴！问候小格格的！瞧，有一条微博，说“小格格是最美的00后”！
发现“最美的中国人”久了，自己也能成为“最美”的人！因为，“最美”现象的频现，实质上还是因为人们心中都有对真善美的追求。
哈！你看！你看！这是我们班的同学，这是我们“最美”小组的成员！他也在微访谈里！你看他这句话说得多好啊！“别人是在回忆最美的童年，我们是正在过最美的童年——为了让我们的童年继续美好下去，我们要发现并‘@00后眼中最美的人’！”

7. 社会价值导向
好多人都来围观，都来给小格格和“00后最美发现小队”鼓劲。居然还有大爷大妈！瞧，这说法：“你们还招不招人？我让我孙女……”汗！这个微博真给力啊！
这其实说明了人们心中对善良等品质的强烈认同，所以，“最美”很轻易地就引起大家的共鸣——从网友表达认同的一个修辞，“发酵”成为全社会共同发现和弘扬真善美的一种现象！
肯定是这样啦，微访谈里大家一围观，心里就会有个价值风向标了。“最美”人物的集中涌现，是当今社会主义核心价值观的最佳体现；他们像一盏盏明灯照亮了民众的心灵，也照亮了社会的希望。它增添了公众对重塑社会道德的信心！
“好人就在身边”！有个人@我说，最美的人，让我们看到了流淌在中华民族血液中的道德魂，唤醒沉淀在所有中国人心中的荣辱价值观。
社会主义荣辱观明确了什么事提倡，什么事禁止，一个人如何做人、如何做事、如何与他人相处……

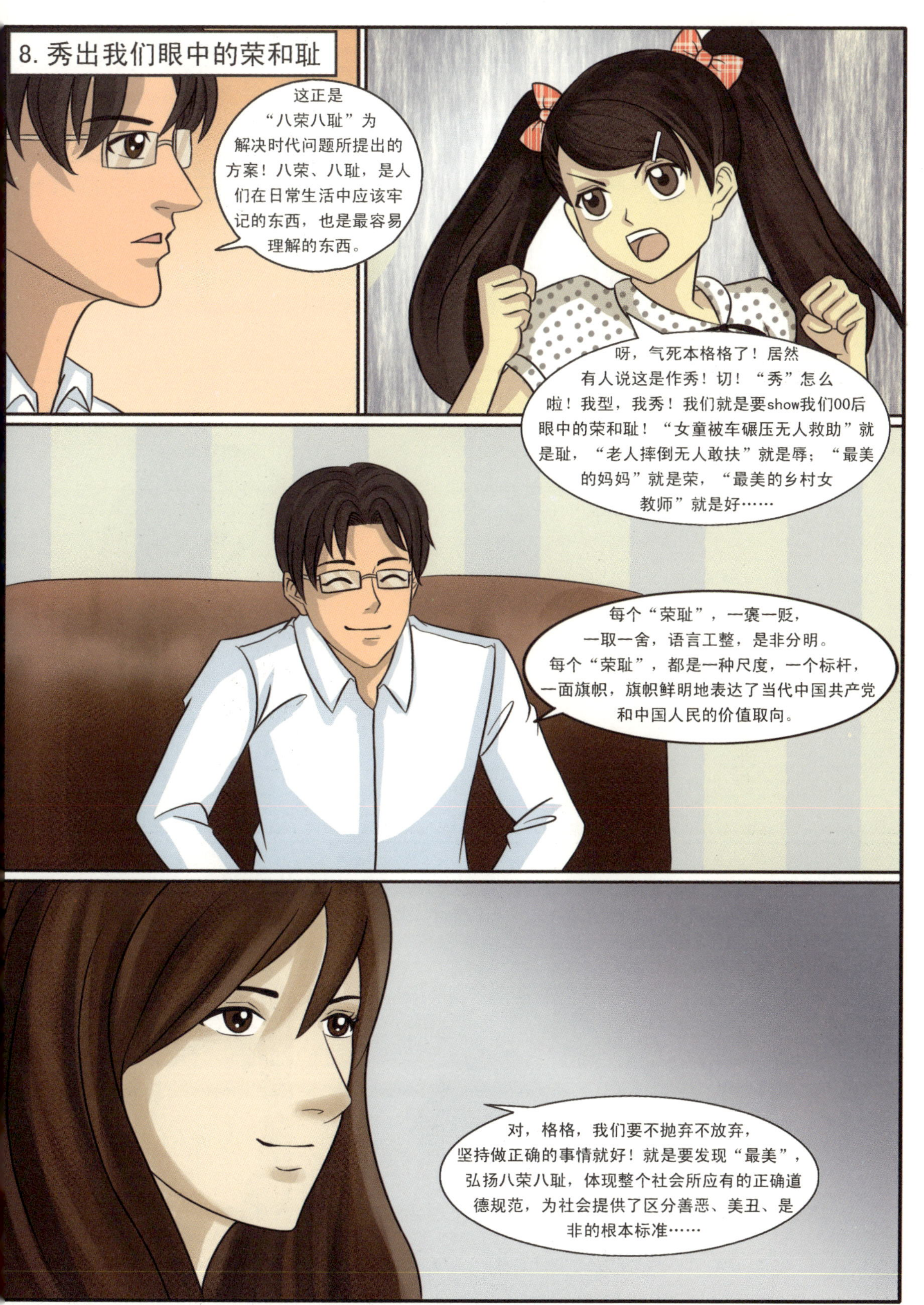
8. 秀出我们眼中的荣和耻
这正是“八荣八耻”为解决时代问题所提出的方案！八荣、八耻，是人们在日常生活中应该牢记的东西，也是最容易理解的东西。
呀，气死本格格了！居然有人说这是作秀！切！“秀”怎么啦！我型，我秀！我们就是要show我们00后眼中的荣和耻！“女童被车碾压无人救助”就是耻，“老人摔倒无人敢扶”就是辱；“最美的妈妈”就是荣，“最美的乡村女教师”就是好……
每个“荣耻”，一褒一贬，一取一舍，语言工整，是非分明。每个“荣耻”，都是一种尺度，一个标杆，一面旗帜，旗帜鲜明地表达了当代中国共产党和中国人民的价值取向。
对，格格，我们要不抛弃不放弃，坚持做正确的事情就好！就是要发现“最美”，弘扬八荣八耻，体现整个社会所应有的正确道德规范，为社会提供了区分善恶、美丑、是非的根本标准……

9. 社会主义核心价值观

今天，谁来捍卫全社会的诚信体系？凭什么来重建中国人的精神？八荣八耻，就为我们提供了一个可以操作的途径；而微博，则是形成这种公共舆论的最佳空间。

是啊，现在我们都喜欢在微博上晒，一@，各种支持啊，反对的，一PK，对照八荣八耻，大家就找到北了。它可以形成一个强有力的引导力量，约束力量，建设力量……

在微博时代的新公开话语空间里，我们每一个人都是围观者，又都是参与者和传播者。以八荣八耻为核心内容的社会主义荣辱观，为我们提供了从道德底线到公民道德的成长空间：一个人真正知道什么是荣辱，就知道道德的底线，就不会干坏事；一个人知道真善美到底是什么样子，就能够努力趋善、求真，让自己“最美”！
网上晒的也不光是极品嘛。@的还有我们眼中的“最美”！

10. 重塑中国人的精神

微访谈马上就要结束了耶。时间过得真快！为什么总是要到结束的时候，我才想起应该这样开始……

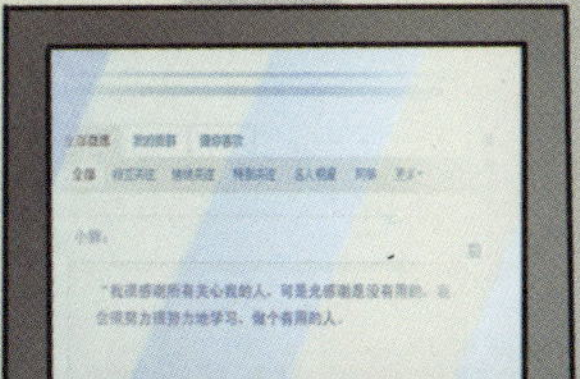

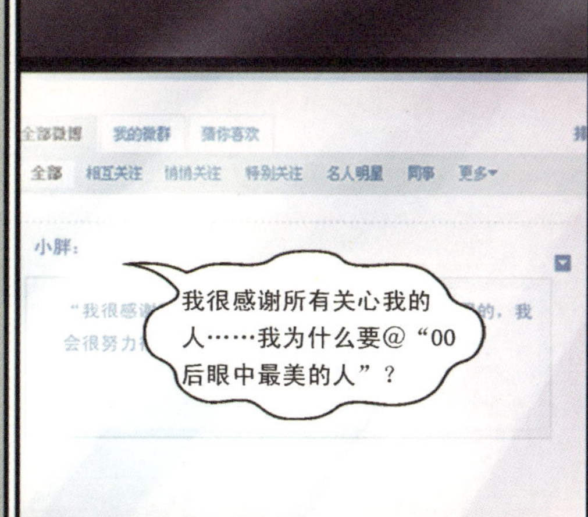
全部微博 我的微群 猜你喜欢
全部 相互关注 悄悄关注 特别关注 名人明星 同事 更多
小胖：
我很感谢所有关心我的人……我为什么要@“00后眼中最美的人”？

因为，在看到伸出双臂救坠楼儿童的“最美妈妈”，在车祸中舍身推开学生的“最美教师”，遇到意外时强忍疼痛安全停车救下一车乘客的“最美司机”……总有一种力量，让我泪流满面！
发现“最美的中国人”，践行荣辱观，学习“最美精神”，让自己变得更美，00后，你为什么要缺席?!

格格说得真好！你的微访谈结束了，爸爸的自媒体才刚刚开始。“最美精神”体现了社会主义荣辱观的内在要求，爸爸也得积极思考如何@出一个具有社会道德精神的“最美中国”来……

“最美精神”是社会主义核心价值体系的时代要求和具体体现，社会主义核心价值体系是“最美精神”的理论基石和思想导向……你爸又想当思想家了！微博是玩出来的，不是想出来的。
妈妈说得对！八荣八耻，不能光说不练，要行动起来。我们是祖国的未来和希望，我们美起来，这个社会的未来就会更美！

以社会主义荣辱观重塑社会道德精神

社会主义荣辱观

2006年3月4日，胡锦涛在参加全国政协十届四次会议民盟、民进委员联组讨论时提出，要引导广大干部群众特别是青少年树立社会主义荣辱观：坚持以热爱祖国为荣、以危害祖国为耻，以服务人民为荣、以背离人民为耻，以崇尚科学为荣、以愚昧无知为耻，以辛勤劳动为荣、以好逸恶劳为耻，以团结互助为荣、以损人利己为耻，以诚实守信为荣、以见利忘义为耻，以遵纪守法为荣、以违法乱纪为耻，以艰苦奋斗为荣、以骄奢淫逸为耻。

NO.1 中国人的道德底线

无论是五千年中华文明，还是现代社会文明，“知荣辱”均是人之要义。一个人真正知道什么是荣辱，就会知道道德的底线。以“八荣八耻”为核心内容的社会主义荣辱观，给了中国人一条道德的底线。这也是当代中国特色社会主义社会发展的基本社会规范。

NO.2 现代公民的行为准则

践行“八荣八耻”，给中国人一个明确的、作为现代公民应有的行为准则。在全社会加强荣辱观教育，就是让人们认同这样的价值标准，并自觉以这样的标准作为行为引导。

NO.3 道德信仰新标杆

“八荣八耻”是社会主义核心价值体系的基础。它为中国人指出了构建道德信念的新标杆，给中国人一个精神上的标准以及一种道德信仰：“八荣”就是我们应该坚持的真善美，“八耻”则是我们要摒弃的假恶丑。

NO.4 公民道德建设基石

中共中央政治局委员刘云山说，社会主义荣辱观是新世纪道德人的行为尺度。在社会主义公民道德建设基础上，“八荣八耻”从实践操作层面明确了什么事提倡，什么事禁止，一个人如何做人、如何做事、如何与他人相处，体现整个社会所应有的正确道德规范。

NO.5 社会共识和民族价值观

“八荣八耻”，构建了当代中国共产党和中国人民最基本的价值取向和价值标准。以此为基础，社会主义荣辱观凝聚社会的共识，成为全民族认可的共同价值取向。

NO.6 最美热：发现和弘扬真善美

中国人民大学新闻学院教授涂光晋认为：“最美现象的频现，实质上还是因为人们心中都有对真善美的追求。‘最美’，从网友表达认同的一个修辞，‘发酵’为全社会共同发现和弘扬真善美的一种现象，根本的力量源泉来自于人们心中对善良等品质的强烈认同。”

NO.7 每个人都是荣辱观的参与者

从“最美妈妈”、“最美护士”到“最美农妇”……充分显示我们是荣辱观的参与者而非旁观者。荣辱观沉淀在所有中国人的心灵深处，作为一种道德标杆，体现的是当代中国人对主流价值的共鸣，在新时期的社会转型中坚守着民族的德魂。

NO.8 和谐社会的道德基础

胡锦涛说，一个社会是否和谐，一个国家能否实现长治久安，在很大程度上取决于全体社会成员的思想道德素质。社会主义荣辱观的确立，有助于推动社会主义和谐社会的建设。

中国共产党用社会主义荣辱观重塑中国人的精神

社会主义荣辱观，是新时期中国共产党为加强社会思想道德建设，全面建设小康社会而提出的。它构建了当代中国共产党和中国人民最基本的价值取向和价值标准，告诉人们荣辱的标准，该做什么，不该做什么，把全体人民的价值观和行为放在荣辱观的天平上，提高人的素质，推动着人的全面发展。提高中华民族的精神水准和中国人的社会道德水平，并且为社会转型期的中国人提供了一个具有时代性、民族性和实践性的道德信仰。

NO.8

通往未来的梦想与光荣：

以中国特色社会主义共同理想为旗帜的新理想、新信念与新信仰

这是**中国特色社会主义共同理想**把党、国家、民族、个人紧紧地联系在一起，为国家繁荣和个人幸福而团结奋斗的十年。

这十年，中国特色社会主义共同理想让中国人坚定未来发展的目标，找到了个人成长和国家发展相匹配的道路，精神相契合，利益相融合。

这十年，中国特色社会主义共同理想从强国梦、复兴梦，逐渐演变成富民梦、幸福梦、和谐梦——中国人、中国共产党以及整个国家和民族，越来越产生共同责任，形成共同命运，追求共同梦想！

这十年，中国共产党通过“一个富强民主文明和谐的社会主义现代化国家”的国家愿景与梦想，成功地构建出**“现代化中国、中华民族伟大复兴、和谐世界”**三位一体的中国特色社会主义共同理想新目标！

这是中国共产党用中国特色社会主义共同理想，**重新塑造中国人的新理想、新信念与新信仰**的十年。

胡锦涛说："理想信念，是一个政党治国理政的旗帜，是一个民族奋力前行的向导，是一个国家走向富强的精神动力。"

中国特色社会主义共同理想不仅仅是我们的"旗帜"、"向导"、"精神动力"！

它还承载了五千年中华文明的民族理想，吸收了改革发展的时代价值，表达了13亿中华儿女的共同心声，它是振兴中华的精神支柱……

它把党、国家、民族、个人紧紧地联系在一起：党要为实现自身在社会主义初级阶段的目标而奋斗，国家要基本实现现代化，民族要实现伟大复兴，个人要过上宽裕的小康生活……

这些不同层面和不同角度的愿望和要求，都在中国共产党的领导下得到汇聚，形成一种追求共同理想的最大合力。

对一个国家来说，全民的共同理想是产生共同的责任、形成共同命运的前提，也是执政党能团结人民的基础；当一个国家、一个民族有了统一的理想，它同样会对个人产生出巨大的精神力量。

家是小的国，国是千万家，强党、富国、福民，中华民族的伟大复兴，是大家的共同理想！

续千年的理想

中国共产党90年的探索让我们看到了，共同理想的诞生与发展都是秉承中国人共同的诉求而来，代表的是最广大人民的利益，具有极大的广泛性与包容性。

建党90周年，建国60周年，改革开放30周年，新时期执政10年……在共同理想的指引下，中国共产党带领中国人民，以雷霆之势，造就了一个个中国奇迹！

从强国梦到中华民族的伟大复兴，中国共产党提出的社会主义共同理想，与整个中华民族的共同心理契合，因此产生出实现这个民族共同梦想的巨大力量——中国共产党为什么能?！就是因为有这种共同理想做支撑。

从富民梦到幸福梦、和谐梦，中国共产党提出的中国特色社会主义共同理想，与全体中国人的集体心理诉求契合，因此，产生执政党与人民共同利益相融合的巨大能量——改革开放为什么能创造奇迹？就是因为有这种共同理想做土壤！

中国人要幸福，中国要繁荣，中国共产党执政兴国的终极目标，与中国人追求自身发展、追求富裕幸福生活的目标，有机地融为一体。

今天，面向世界、面向未来、面向现代化，能让全体中国人各尽其能、各得其所而又和谐相处，个人奋进而又能团结奋斗，并能继续让中华民族延续千年的理想和信念是什么？

建国100周年，“一个富强民主文明和谐”的社会主义现代化国家，将屹立在世界东方！

这是温家宝在建国60周年庆典招待会上表达的“希冀”，也代表了中国人民现在和未来的共同理想！

富强、民主、文明、和谐的共同理想，让中国不仅保持高速发展，也为世界提供了一种全新的发展模式。

为职业尽心，为社会

2010年初，一家外国媒体这样评述：“置身中国，我现在比任何时候更加确信，当历史学家回顾21世纪头10年的时候，他们会认为最重要的事件不是经济大衰退，而是中国的绿色大跃进。”

富强、民主、文明、和谐的21世纪中国，代表的是一种和平发展的力量，预示着世界未来的发展方向。

专栏作家托马斯·弗里德曼说：“只有到中国，你才能看到未来。”

这，是中国特色社会主义共同理想的最高理想和信念——和谐中国，和谐世界，共同发展，共同繁荣！

在社会主义核心价值体系建设中，中国共产党通过“一个富强民主文明和谐的社会主义现代化国家”的国家愿景与梦想，成功地构建出“现代化中国、中华民族伟大复兴、和谐世界”三位一体的中国特色社会主义共同理想新目标！

这包含了一个政党、一个民族和一个国家的梦想和愿景，但也容纳了一个人、一个阶层、一群中国人的追求和目标。

因为，共同理想的实现是活生生就在我们的身边，是脚踏实地的人生实践。

实践共同理想，就是同个人的人生追求结合起来，立足岗位，认真努力做好每一项具体工作，为职业尽心，为社会尽责，为国家尽力。

所以，胡锦涛寄希望于青年“把个人奋斗同人民为实现中国特色社会主义共同理想的奋斗紧密结合起来”，中国特

尽责，为国家尽力

色社会主义共同理想的实现，就在每一个普通中国人的奋斗之中！

它是一种重塑中国人精神的强大力量：它不仅能够有效地激发个体的理想、信心和热情及坚定实现行动目标的决心，也能激励和团结全民为了未来的梦想和光荣而奋斗！

“没有这样的信念，就没有凝聚力。没有这样的信念，就没有一切！”

没有这样的信念和理想，中国人哪里来的精神？又哪里能在建国100周年时建设“一个富强民主文明和谐”的社会主义现代化国家，实现中华民族的伟大复兴，以及整个世界的和谐发展和共同繁荣？

变化
我的理想

要把十三亿人民团结起来，万众一心推进中国特色社会主义事业，就必须大力推进社会主义核心价值体系建设，在全社会形成共同理想信念、强大精神力量、良好道德风尚，更好地凝魂聚气、强基固本。
——胡锦涛（在党的十七届三中全会上的讲话）

1. 我的理想

说起我的理想，真是“泪牛满面”啊！7岁的时候，我的理想是像比尔·盖茨一样；9岁的时候，我的理想是像骆家辉；13岁的时候，我的理想是当一名伟大的记者；18岁的时候，我突然发现，我不再有理想……
从小到大，每个人都有过很多理想。每个理想都曾经陪伴我们走过人生的某一个阶段，给我们留下许多美好和难忘的记忆……今天，我的理想是什么？中国人还有理想吗？
我的理想啊？当老师？妈妈说当老师太辛苦！当公务员？爸爸说太伤脑筋！当科学家？李一清说赚钱太少！当记者，张二白说这些人看起来风光，其实都没啥权力……
我汗！瞧瞧格格的00后同学们都受了什么影响?！不是当有钱人就是当有权人！一个社会有一个社会的理想和前途。70后的我们信奉知识改变命运，我们当初的梦想又是神马呢？
别小瞧我们00后！现在我们还没有能力做更伟大的事情，但你们没有实现的小理想，或许要靠我们才能大实现！
其实，我们也不必用太苛刻的眼光来看待这些00后的理想。或许在他们成长的过程中，理想会发生改变，就如我们曾经改变过理想一样。80后的理想？只有一句话概括：生命中不能承受之轻！

2. 人生理想观

你们这些大人啊，总是教育我们要有正确的人生理想观！可是你们的理想呢？你们把自己对社会的感知传递到了我们身上，对我们造成了影响，知不知道?!

小格格的话我很有同感！虽然我们90后已经不是孩子，但还是有很多骂我们90后的。都说90后是没有理想的一代，难道我们真的没有理想?!不，我相信90后，我也相信自己！

我都可以总结出一个成长过程中的人生理想观模式了：小时候，我的人生理想是当科学家、教师、艺术家等“灵魂工程师”；中学时代的理想，是考上重点高中；高中的理想是考上重点大学；上大学之后的理想就是过英语四六级，或读研究生，拿到毕业证书，找个好工作；毕业后的人生理想就是创业，赚更多的钱，过安定富裕的生活……大部分年轻人都是这样的人生理想观！

80后的成长就很有典型性。小时候，说我们是祖国的花朵，要朝着理想努力开放；长大了，现实让我们做房奴、车奴、孩奴，毕生的努力都是为了一套房子、一辆车、一个中产阶层家庭而奋斗。中国人越来越没有“大理想”，只有“小梦想”……

虽然跟你们一样处于迷茫中，但90后的我们都有自己的理想。虽然我们还不能确定我们自己的理想能否在解决自己的人生理想问题的同时，也能为社会的进步贡献一些价值！但毕竟有了这个理想，我们才会走更远！

小时候人生理想带有更多的超现实性，而成人后就更为现实和世俗！理想本应该是这两个向度——物质和精神的双重追求——的完美结合。为什么现在中国人普遍的人生理想观，都倾向于现实和世俗，而不是偏于信念和信仰？我们需要在变化中的中国去寻找答案。

3. 寻找理想分离的另一半
答案在我们身上，问题却是社会的！现在，90后甚至大多数中国人的人生理想观、价值观选择多元化，现实性、功利性、世俗化的倾向很强，更多地倾向于物质生活追求，但精神性、信念性甚至信仰性有些淡薄。
这是因为当今社会文化“市场化”的强力渗透；这种强力渗透几乎无孔不入，使得我们逐渐失去远大理想、抱负和追求，转而关注“活在当下”，把自己感兴趣的每一件物质的小事儿玩到极致……
这有什么不好？我玩植物大战僵尸，就渴望雷锋叔叔来帮忙，或者，里面就有一个“最美”的雷锋，帮助“植物大战僵尸”里的各种植物保卫家园，仙人掌、向日葵都在感谢雷锋叔叔的帮忙……
可是，格格你想过没有，你想象的这个“最美雷锋”为什么而战？保卫家园！这就是他的理想，他的信念，甚至是他的信仰。就像我们脚下的这片长城，凝聚了中国人“保卫家园”的理想。战争时期，为什么总有一些人不惜付出生命的代价浴血奋战？因为，他们在努力实现自己“保卫家园”的理想！今天，我们为什么没有这样的理想？我们应该有怎样的理想？

4. 全民共同理想
我一直在寻找这个答案。发现，其实，我们每个人就像长城上的砖——因为有长城保卫家园，才让每一个人都有追求幸福和理想的权利和空间。祖国越强大，家园越美好，我们每一个人追求幸福的权利就越多，实现理想的空间就越大！
但是，如果一个国家很强大，但是它的国民并不幸福，这种强大意义何在？如果一个社会很富强，但是它的国民却并不安康，这种富强价值何在？
我想，这可能是中国人现在直面的最现实的问题。
这就是形成中国特色社会主义共同理想的根本原因！国家的富强毫无疑问是每个国民的共同愿望；让全体中国人走向共同富裕，为人民谋幸福，也是执政党的根本宗旨！如何把13亿中国人“过小日子”的小梦想和整个国家强国富民的“大理想”结合起来？那就是形成全民的共同理想。
当一个国家、一个民族有了统一的理想，就会产生出巨大的精神力量；当全体人民、所有国民、每个公民都有了共同的理想，他们就会拥有信念和信仰……

5. 有理想：在奋斗中填平鸿沟
它能解决现在年轻人普遍存在的“理想鸿沟”，把个人奋斗和共同奋斗有机结合起来。国家这些年号召广大青年要奋斗，要坚持社会主义共同理想，把个人奋斗同实现中国特色社会主义共同理想的奋斗紧密结合起来。
这些年，从蚁族到蜗居族，从奔奔族到穷忙族……年轻人遇到的最大问题，就是理想很丰满，现实很骨感，中间是一弯浅浅的鸿沟，却让人难以跨越！所以，会挣扎在现实中无力的失落感和对美好理想的坚持与动摇之中……社会生活的不平衡也带来了梦想的不平衡。现实世界的鸿沟也带来梦想和精神的鸿沟。谁来填平这个鸿沟？
坚持社会主义共同理想，能让新青年们在个人奋斗中填平自己梦想和现实的鸿沟，也能在共同奋斗中填平整个社会梦想和现实的鸿沟：左边是先富起来的人，右边是待富的人——这是贫富差距的鸿沟；左边是市民，右边是农民——这是城乡二元的鸿沟；左边是中产阶层，右边是城中村居民——这是社会分层的鸿沟；左边是数字先锋，右边是山村希望小学学生——这是知识、信息和数字的鸿沟……这些社会、生活、现实和梦想不平等的“鸿沟”，都能在全民共同奋斗中被填平。
一个北京私立学校的小男孩，儿童节最想得到的礼物，是一架昂贵的模型飞机，因为，他想拥有这个天空的感觉；而城中村小学女孩想要的，只是一双白球鞋，因为，她想跑得更远。对于这个城中村小女孩而言，一双普通的白球鞋的梦想，或许比那个北京男孩想得到飞机的梦想更遥远……
One world
one dream
妈妈，给我一把小铲子，我来填平它！同一个世界，同一个梦想！

6. 有信念：向上的阶梯

在奋斗中，年轻人发现，他们需要、仅仅需要、全部需要的，竟然只是“一把梯子”！

给我一个“向上的阶梯”，向上、向上、再向上！每一步我都能走出奇迹！
在中国共产党构建的“向上的阶梯”中，中国青年能够向上、向上、再向上！“毕业生”进化成“新奋青”，“新奋青”进化成“中产阶级”，然后就像在成熟的国家治理和社会管理模式中的那样，中产阶级成为整个国家和社会的中流砥柱……

这歌真好听。我是说歌好听，不是说你！

社会下沉的拉力愈来愈大，当全社会纷纷向下流动，你，能预防吗？于是，在整个社会都渴望向成功攀爬的过程中，年轻人发现自己共同面对着一个严峻的社会现实：向上走，还是朝下掉？
社会主义共同理想，客观上激活了他们向上流动的愿望和可能——这就是“向上的阶梯”产生的动力。

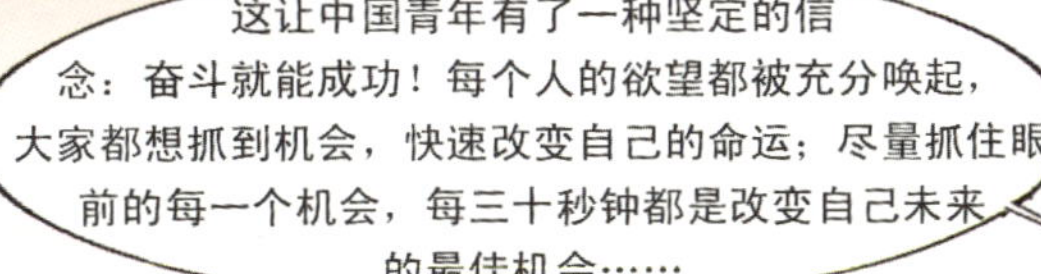
这让中国青年有了一种坚定的信念：奋斗就能成功！每个人的欲望都被充分唤起，大家都想抓到机会，快速改变自己的命运；尽量抓住眼前的每一个机会，每三十秒钟都是改变自己未来的最佳机会……

7. 奋斗潮：跳农（龙）门

你让我想起了《平凡的世界》里的那句话："人，无论在什么位置，无论多么贫寒，只要一颗火热的心在，只要能热爱生活，上帝对他就是平等的。只有做一名劳动者，不把不幸当作负担，才能去做生活的主人，用自己真诚的心去体验，毕竟生命属于我们只有一次。"真是爱死了！
1976年，路遥的《平凡的世界》揭开了一个"时代运动"的序幕："知识改变命运。"整个改革开放30年中国青年"跳农（龙）门"的时代运动，都是始于1975年创造故事的孙少安、孙少平兄弟俩，一步一个脚印地寻找知识青年"跳农（龙）门"的道路，走出农村狭隘的天地，走向城市，走向工厂，走向更广阔的社会天地……

改革开放30年，中国梦、全民奋斗运动的大方向，都是"北上广深"：人口向大城市、富地方、中心地带流动。因为这些地方聚集了最优质的资源。

爸爸就是一个凤凰男！他说他们最矛盾的选择，就是：回到小城当精英，还是留在北京做草根？
农村知识青年、农民工、凤凰水晶男（农村出身的本科大学和知识精英）、80后新农民工、90农民工子女，都是踩着孙少安、孙平兄弟俩的足迹前进的，寻找城市梦、奋斗梦、中国梦。
留学生、华商、中国人走向国外，到世界淘金，也都是孙少安、孙少平兄弟俩奋斗、梦想和追求的延续。

8. 回归潮
“知识改变命运”，“生活在别处”，“奋斗在远方”，“乡村心结都市人生”——这是一个时代的青春哲学，改革开放的青春运动，60后、70后的青春主旋律。
但80后、90后已经不一样了！留学生学成不归国，西部学子学成不归省，小地方的人学成不归乡——已经成为一种历史！有很多人愿意继续北漂、东漂、南漂、省漂、海外漂，在漂中奋斗、寻梦，但也有更多的人选择“回归”！
对，回归运动！改革开放30年人口大流动的方向，已经开始回流，分流，逆流；从毕业生到新奋青，“学成归去”，反哺有期。大学生当村官，农民工返乡创业，第二次知识青年回流、回归、回乡！甚至很多中产阶级家庭，都在选择“业成归去”！为什么？因为社会主义共同理想，提供了个人奋斗、全民奋斗、共同奋斗的旗帜和另外一个方向！
这是一种新的时代潮流！归国来，出北京去，离开大城市，回家乡去奋斗！到新农村去，到基层去，到小地方去，到小城市去，去就业、择业、创业和奋斗。80后、90后开始选择另外一种人生和方向！
哈，我们00后呢？今天回奶奶家种点田，明天，就到杰瑞的美国家里，玩《疯狂的小鸟》……

9. 有信仰：从反思到重建

是的，80后、90后表现得最为典型。许多人在奋斗中开始迷失自我，道德底线也一再下降。信仰的缺失，让我们不得不重新思考：我是谁？我们的信仰哪里去了？

直面这种思想潮流，中国共产党适时、积极地进行探索和引导。党的事业离不开青年，青年的成长更离不开党。这是从对“进化论崇拜”的反思开始的。“进化论崇拜”从近现代开始，支配了中国近两百年的思维方式。

嗯，这点我也有同感。中国人对进化论的狂热崇拜，在2003～2007年“全民进化”中达到了高潮。这是一个加速度时代，“时间就是金钱，效率就是生命”——“快些！再快些！”快些挣钱，快些成名；我要奋斗，奋斗，再奋斗；我要变强，更强，成最强。在这种“进化论崇拜”的支配下，整个社会都流行“攻略”：财富攻略、强者攻略、职场攻略、商场攻略、两性攻略……

10. 重塑中国人的精神

妈妈！讲课不兴你这么讲的！我都晕了！我的理想应该是什么？

好吧，格格，我们就用几个关键词来界定“我的理想”——噢，应该是我们的共同理想！在社会主义核心价值体系建设中，它正在重塑中国人的精神，形成我们新的理想、信念和信仰，指引着我们前行。

第一个关键词肯定是“富强”，对吧？这可是支撑我们中华民族延续了千年，在未来实现伟大复兴的共同理想！我为我伟大的祖国骄傲！
小格格真聪明！赏你两颗铜碗豆！第二个和第三个关键词是“民主”和“文明”！富强民主文明让中国人看到了一个稳定、繁荣、富强的国家前景。

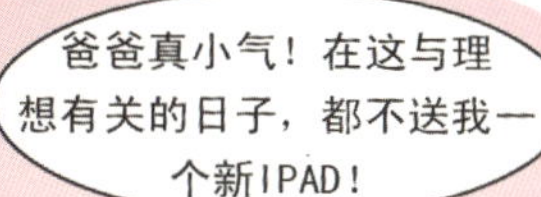
爸爸真小气！在这与理想有关的日子，都不送我一个新IPAD！

哈哈，第四个关键词我知道，“和谐”！党中央反复指出，实现社会和谐，建设美好社会，始终是人类孜孜以求的一个社会理想，也是包括中国共产党在内的马克思主义政党不懈追求的一个社会理想。从和谐中国梦到和谐世界梦，这可是21世纪中国最重要的共同理想。

“富强、民主、文明、和谐”，党的十六届六中全会用八个字将社会主义共同理想进行了明确概括。它是全体中国人现阶段的奋斗目标，承载了五千年中华文明而来的民族理想，吸收改革发展的时代价值，正在重塑中国人的精神，形成崭新的理想、信念和信仰……

中国特色社会主义共同理想

坚定中国特色社会主义共同理想，是坚定对中国共产党的信任，坚定走中国特色社会主义道路，坚定实现中华民族的伟大复兴，把中国建设成为富强、民主、文明、和谐的社会主义现代化国家。

党的十七届六中全会把坚定中国特色社会主义共同理想作为建设社会主义核心价值体系的重大任务。

NO.1 理想信念教育

2003 年胡锦涛在全国宣传思想工作会议上讲话时指出，思想政治工作的核心是理想信念教育，基础是思想道德建设。要深入开展党的基本理论、基本路线、基本纲领和基本经验教育，深入开展中国革命、建设和改革的历史教育和国情教育，在全社会认真提倡社会主义、共产主义思想道德。

NO.2 坚定建设中国特色社会主义的理想信念

胡锦涛指出，引导广大干部群众正确认识社会发展规律，正确认识国家的前途和命运，澄清在社会主义问题上的错误观点和模糊认识，树立正确的世界观、人生观和价值观，不断坚定建设中国特色社会主义的理想信念。

NO.3 巩固团结奋斗的共同思想基础

胡锦涛指出，我们要紧紧抓住树立理想信念这个根本，坚持不懈地用中国特色社会主义理论体系武装全党、教育人民，推动当代中国马克思主义大众化，不断巩固马克思主义在意识形态领域的指导地位，不断巩固中国特色社会主义共同理想，不断巩固全党全国各族人民团结奋斗的共同思想基础。

NO.4 青年要把个人奋斗和共同奋斗相结合

胡锦涛提出，希望广大青年坚持远大理想，把个人奋斗同人民为实现中国特色社会主义共同理想的奋斗紧密结合起来，不为任何风险所惧、不为任何干扰所惑，矢志不渝朝着崇高理想奋进，在为党和人民事业的奋斗中创造人生辉煌。

NO.5 增强各族人民的认同感

胡锦涛指出，要大力学习实践中国特色社会主义理论体系，深入开展社会主义核心价值体系宣传教育，弘扬社会主义先进文化，增强各族人民对伟大祖国的认同、对中华民族的认同、对中华文化的认同、对中国特色社会主义道路的认同，打牢民族团结的思想基础。

NO.6 形成全社会共同的理想信念

胡锦涛指出，我们要牢牢把握社会主义先进文化的前进方向，建设社会主义核心价值体系，弘扬民族优秀文化传统，发掘民族和谐文化资源，借鉴人类有益文明成果，倡导和谐理念，培育和谐精神，营造和谐氛围，进一步形成全社会共同的理想信念和道德规范，打牢全党全国各族人民团结奋斗的思想道德基础。

NO.7 建设社会主义核心价值体系

社会主义核心价值体系是我国指导思想、共同理想、民族精神、道德观念的集中体现，是社会主义精神文明建设的基本内容。建设社会主义核心价值体系，形成全民族奋发向上的精神力量、团结和睦的精神纽带，是增强民族凝聚力和国家软实力的客观需要。

NO.8 建设社会主义现代化国家

党的十六届六中全会十分明确地把中国共产党倡导的共同理想概括为：富强、民主、文明、和谐。刘云山在《深入推进社会主义核心价值体系建设，巩固全党全国人民团结奋斗的共同思想基础》中指出，“‘富强、民主、文明、和谐’这八个字，凝结了中国特色社会主义的要义，体现了社会主义核心价值体系的精髓。”

中国共产党用共同理想重塑中国人的精神

胡锦涛在党的十七大报告中说，要用中国特色社会主义共同理想凝聚力量，用以爱国主义为核心的民族精神和以改革创新为核心的时代精神鼓舞斗志，用社会主义荣辱观引领风尚，共同铸造中国人的精神。在中国共产党的领导下，全国人民为实现共同理想，开创中国特色社会主义事业新局面而奋斗。

从最初的民族解放到富国强民，从全面建设小康社会到富强、民主、文明、和谐的社会主义现代化国家，实现中华民族的伟大复兴，这是中国共产党人的信仰，是全党全国各族人民团结奋斗的社会主义共同理想。

VINIC

卷尾语

共产党为什么能：

中国精神的“火炬手”

杰瑞和小格格跟着爸爸妈妈一路旅行下来，通过身边发生的变化，感悟着中国人的精神风貌发生的新变化，不由感慨万千。

这些新精神、新风貌都是中国共产党用社会主义核心价值体系塑造中国人的最新成果。正是通过社会主义核心价值体系建设，才能重塑中国人的精神，再造伟大的中国人。

这都是因为中国共产党的领导——社会主义核心价值体系具有鲜明的时代性和方向感，是新时期新阶段中国精神最重要的“塑形剂”。

而中国共产党，则是传承中国精神的“火炬手”！它传承中华民族曾经遗失的伟大品质，唤醒中国人沉睡的精神火种！

最重要的是，它点燃在变化中的中国和变化中的时代才诞生的**精神火苗**——让它熊熊燃烧，让中国人像凤凰涅槃一样，在烈火中**“重生”**！

精
之火
The C

薪火相传

中国共产党是中国精神的火炬手！

它传承中华民族曾经遗失的伟大品质，唤醒中国人沉睡的精神火种！

最重要的是，它点燃在变化中的中国和变化中的时代才诞生的精神火苗——让它熊熊燃烧，让中国人像凤凰涅槃一样，在烈火中“重生”！

例如，在抗震救灾中，中国共产党震撼中国和世界的一系列举动：

高扬“生命的信念”，表达了党和政府对人民及其生命的尊重……为“以人为本”这个口号注入了灵魂，同时也凸显了中国共产党“以人为本”的执政理念！

“一方有难，八方支援”，“万众一心，众志成城”……中华民族的优良传统与“和谐社会”的理念和思想因子，在汶川大地震救援中一起成长！

中国共产党

团结友爱、和解宽容、悲天悯人、设身处地……在“我爱中国”中，公民精神和国家道德一起升华。

相互救助，优先照顾老幼，把安全让给别人，把危险留给自己……在经受灾难的同时，灾区人的尊严、勇气和自我诊疗与国内外的关怀、帮助和爱心传递同步进行。

在废墟上，共产党员为抢救同胞生命“竭尽全力”；他们“在危险面前毫不退缩”，去帮助那些“流血、流泪但不低头的幸存者”，展现了中国共产党“人民利益高于一切”的原则……中国共产党人的“公仆意识”和广大人民群众的“公民意识”一起提高。

重塑中国人精神

于是，在这场巨大的人类危机中，因为中国共产党的领导，中国人经历了一次“意识震撼”，集体顿悟，“突然爆发”出一种全新的中国人精神，焕发出一种崭新的自我意识：见义勇为、舍己救人的精神；坚忍不拔、同舟共济的精神；富有同情心的、慷慨崇高的精神……

中国共产党，也在这种重塑中国人的精神、再造伟大的中国人的过程中，重塑了自我的形象和精神：这些新“共产党员形象”让世界对中国共产党有了新的认识，而“中国对此次地震的充满人道主义精神的反应，也正在改变全世界对中国共产党的看法”！

它不仅改变了中国人的自我感知，而且也改变了世界对中国的感知，以及中国共产党和世界相互的感知：“世界正在更多地接受中国共产党，而且共产党在中国越来越成功。”

抗震救灾精神，在中国共产党推动的社会主义核心价值体系建设中，诞生一种“新国民精神”的火种的同时，使得中国人的精神得以重塑，再造伟大的中国人成为可能。

这个巨大的国家真正实现了“13 亿人的团结一致”！

这只是开始！

新国民精神

于是，这十年，改革创新精神、载人航天精神、北京奥运会和残奥会精神、抗震救灾精神……

以胡锦涛为领导核心的中国共产党在中国特色社会主义建设的伟大实践中，概括和提炼出了一系列崭新的伟大精神，我们看到了“共产党为什么能”的现实回答——

因为中国共产党领导的社会主义核心价值体系建设，才能重塑以爱国主义为核心的民族精神！

建国 60 周年大阅兵庆典上，“改革开放”、“世纪跨越”、“科学发展”、“辉煌成就”、“锦绣中华”、“团结奋进”、“美好未来”等主题……尽情抒发着对祖国的热爱，爱国主义情怀上升到一个前所未有的高度，以爱国主义为核心的中华民族精神得到高度弘扬。

新华网评价说，国庆大阅兵是一部爱国主义教育的生动教材。新加坡《联合早报》指出，此次国庆庆典不但彰显了六十年的建国成就，而且向民众灌输了爱国热情。法新社报道说，随着各项国庆活动的展开，中国的爱国主义情绪达到了新高潮。

因为中国共产党领导的社会主义核心价值体系建设，才能重塑以改革创新为核心的时代精神！

国家大剧院的设计大胆地采用国际招标，水上明珠的蛋形外观，神奇的舞台效果，充满艺术魅力的第五空间，拥有无限想象的自主技术突破……这种不拘一格、大胆尝试的改革创新精神，是我国改革开放后形成的新的时代精神。

因为中国共产党领导的社会主义核心价值体系建设，才能重塑以雷锋精神为代表的社会主义公民精神！

60年代那个不起眼的战士，热爱祖国，热爱人民，全心全意为人民服务，助人为乐，处处发扬“螺丝钉”精神。一个平凡的人成为全国学习的楷模。在新世纪，雷锋精神纳入社会主义核心价值体系，涌现出无数前赴后续的“最美”榜样，成为爱岗敬业、无私奉献、乐于助人的社会主义公民的代名词。

因为中国共产党领导的社会主义核心价值体系建设，才能重塑以奥运精神为代表的世界公民精神！

2008年北京成功举办奥运会，大力发扬了团结、友谊、和平的奥林匹克精神，发展了更高、更快、更强的竞技精神，无私奉献、任劳任怨的志愿者精神，团结一致的民众服务精神……为奥运精神增添了新内涵，形成地球村、中国人的世界公民精神。

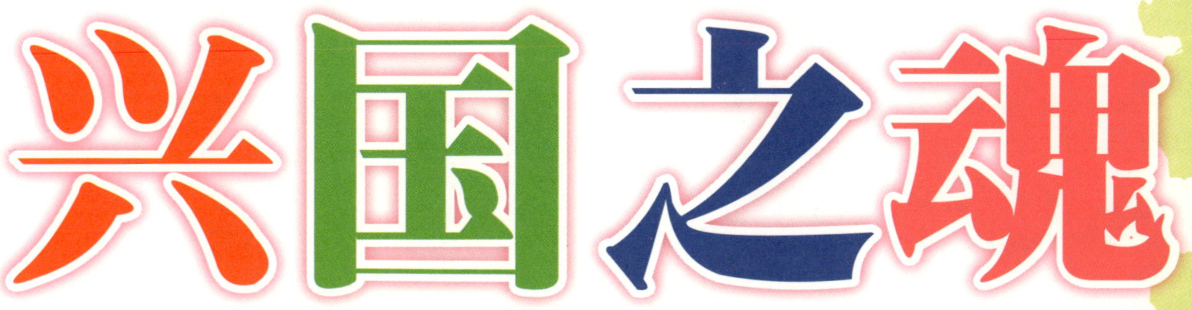

因为中国共产党领导的社会主义核心价值体系建设，才能重塑以载人航天精神为核心的全民奋斗精神！

2012年，“神九”成功实现对接，女航天员升空，中国航天事业在发展中形成了独特的小我和大我融合在一起而奋斗的精神。在载人航天精神的基础上，特别能吃苦、特别能战斗、特别能攻关……一批又一批在为中国崛起而奋斗中实现自我价值的中国人出现在各行各业，形成全民奋斗的热潮。

因为中国共产党领导的社会主义核心价值体系建设，才能重塑以抗震救灾精神为核心的新国民精神！

2008年的雪灾、汶川地震，再次展现了抗震救灾精神；以人为本、生命至上，万众一心、众志成城，自强不息，顽强拼搏，科学理性、开放透明……大国崛起，需要伟大国民。灾难唤醒了我们伟大民族的优秀品质，在灾难中挺立着一个伟大的中国，以及伟大的国民。

因为中国共产党领导的社会主义核心价值体系建设，

共产党为2002

才能重塑以社会主义荣辱观为核心的社会道德精神！

从“最美妈妈”、“最美护士”到“最美农妇”，以“八荣八耻”核心的社会主义荣辱观，在当下社会转型期，多元化思潮严重冲击下，为迷茫的中国人指出了正确的价值导向，让中国人不再没有判断标准，从而形成了崭新的中国人新道德契约精神。

因为中国共产党领导的社会主义核心价值体系建设，才能重塑以中国特色社会主义共同理想为旗帜的新理想、新信念与新信仰。

建设中国特色社会主义，把我国建设成为富强、民主、文明、和谐的社会主义现代化国家，是我们国家、民族和政党的共同理想，更是一个人、一个家庭和中国人集体的共同理想——强党、富国、福民，并实现自我的梦想和追求，都在中国特色社会主义共同理想的旗帜下得到了完美的统一……

这一系列伟大的新精神，进一步丰富和发展了社会主义核心价值体系的内涵！

而正是通过社会主义核心价值体系建设，这些精神被重塑成中国人的精神和气质。

党的十七大报告提出，要切实把社会主义核心价值体系融入国民教育和精神文明建设全过程，转化为人民的自觉追求。

2007 年，胡锦涛总书记在“6·25 讲话”中强调，要大力建设社会主义核心价值体系，巩固全党全国各族人民团结奋斗的共同思想基础……

中国共产党在社会主义核心价值体系建设中，将“中国人精神”

什么能！

2012

的火炬继续燃烧下去，为个人奋斗指明道路，为时代发展指引方向，为社会进步提供推动力！

社会主义核心价值体系是兴国之魂，是社会主义先进文化的精髓，决定着中国特色社会主义发展方向。

它是保证中国精神代际相传，塑造我们共有的国魂、民魂以及每一个普通中国人的精气神的根本路径！

于是，小格格一家仨和杰瑞，在 DISCOVER（发现、探索和思考）变化中的中国时，终于弄懂了这个问题：

共产党为什么能？！

因为它推动社会主义核心价值体系建设，重塑中国人的精神，再造伟大的中国人！

丛书后记

漫画变化中的中国：

寻找中国人的身份认同——我是谁？

我是谁？

“我”是中国人，但是，中国人是“谁”？

这就是近百年来席卷中国的“身份认同”的焦虑：在变化中的中国—世界里，如何寻找和确立自我的意识、身份和位置？!

这十年里，在所有为身份认同而焦虑的情绪中，中国共产党在新时期新阶段的“身份认同”最为关键。

中国共产党是谁？代表谁？为了谁？要举什么旗，走什么路？

十八大前后，中国共产党的身份认同，对于整个国家、民族、政党，以及我们每一个人、每一个阶层和全体中国人至关重要，也对整个当下和未来至关重要——因为，它会重建国内和国外两种新秩序。

“漫画变化中的中国”，最重要的价值和意义，就在于梳理在“变化中的中国”里，中国人尤其是中国共产党所走过的探索、实践和道路，及其对于当下和未来最重要的意义：

今天，我们要做怎样的中国人？

到2049年，建国100周年时，中国以何样的面目、何种形象屹立于世界？

中国共产党的领导和执政，对于一个国家、民族和个人未来的前途和命运，具有如此重大影响的缘由是什么？

……

403

小格格（00后）一家仨，是千千万万普通中国家庭的一份子。随着小格格的出生、成长，生活缓慢而丰富地行进，幸福的一家人享受着北京城市里小家庭的安宁。直到活泼可爱的小格格已经懂事，奶奶主持的回家过年，促成了“新农村游记”——原来不知不觉间，**生活已经发生了翻天覆地的变化！**

小格格惊奇地发现城市之外的乡村生活是如此的不同，做公务员的爸爸（70后）和当老师的妈妈（80后）却回过神来，开始慢慢领悟到自己在为家庭忙碌的时候，忽略了**中国社会生活发生的巨大变化……**

“你们老是跟我们说做一个伟大的中国人——**中国人的伟大和自豪到底在哪里？**中国有五千年的文明！但是，这五千年的文明到底在哪里？跟我到底有什么关系？”

每一个人都在为中国有着古老的文化而自豪，所以，我们告诉每一个青少年应该为五千年辉煌文明而骄傲。但是，在变化的中国，这种伟大的古代祖国在故纸堆里、在博物馆里、在远去的光荣与梦想里，不在他们的现实生活里。虽然大多数中国人对自己的古老文化感到自豪，但是，强势崛起的青春阶层却正在远离“地大物博、五千年辉煌文明”的骄傲。**你要年轻人恢复做一个中国人的伟大和自豪，必得先恢复他与这五千年辉煌文明的关系。**年轻世代寻“根”无路，如何恢复和重建年轻一代与这五千年辉煌文明的关系？

更重要的是，我们正在让青少年远离“今日之祖国”。我们给青少年灌输的总是为“古老的祖国”骄傲与自豪，鲜有系统、全面、持续地“今日祖国”之展现与塑造，有的话，也是概念化和形象化的祖国——就像“我爱北京天安门”、“祖国就像大花园，我是花园里的花儿真鲜艳”、“北京欢迎您”——而不是真实、鲜活而客观的“当代祖国”。

我们从小就是受着这种教育长大的：中国“地大物博”，××储藏量占世界第一，××是世界最大，××是宇宙最古老的。深受这种

中国人家

我的祖国

习以为常的“中国第一，世界之最，地球最悠久”的祖国教科书思维的影响，以至于“很多时候中国对世界讲话的方式让人联想到它古老的过去，而不是充满希望的现在”，不能正确认识中国的基本国情和自己在世界中真实的身份和位置，以至于他们越来越质疑这种“祖国”的概念、形象和内容。一个不能为他们所认识和认同的“祖国”，如何能够成为“我的祖国”，成为“做一个伟大的中国人”的骄傲和自豪的源泉？！

因此，比起“恢复年轻一代与这五千年辉煌文明的关系”，重新将“古代祖国”构建成“做一个伟大的中国人”的源泉和动力，为小格格们讲述一个“变化中的中国”是更为重要的契机与挑战——要讲述一个青少年“看得见”的祖国：这是我脚下的祖国，是我眼中的祖国，是我身边的祖国，是我心中的祖国，是充满了新变化、新活力并且每时每刻都在让我感受到它的骄傲与自豪、光荣与梦想、契机与挑战的“今日祖国”——它的未来将更多地被它的“新”而不是“老”所决定。

于是，爸爸和妈妈发现，比帮助自己如何理解“变化中的中国”更重要的，就是在书架上能搁上这么一套让小格格阅读中国的书，就像《十万个为什么》一样，帮助她去理解、思考和发现中国的“变化”：

给她讲我的祖国，讲新农村奶奶家的变化，讲中国人的精神，讲我们身边正在发生但她身在其中却并不明白的那些事情……然后，让她渐渐意识到并且能够接受那些可能会影响她一生的重要的观念和品质：世界观、人生观、价值观和审美观——这不仅仅是“主旋律和社会主流价值观的命题”，而是作为一对年轻的父母想教给自己儿女的最基本的东西。

于是，他们一家仨，开始了变化中的中国“DISCOVER（发现、探索和思考）之旅”。

认识中国
这些年中国在经济、政治等方面越来越强大，但我们对中国还不了解，有些人甚至试图给中国塑造一个负面形象。我想做的就是让大家看到真正的中国！

恰逢此时，美国华裔少年杰瑞（90后）海归寻根，与小格格一家产生了交集。

在不断地游历中，他也惊异地发现在西方长大的人只知道"古老的中国"而不熟悉"当代真实的中国"：

"世界已经了解中国历史悠久，但那些信息并没有帮助任何人加深对中国的了解。"

这个真正的中国是什么呢？从个人到国家，都充满着积极向上的精神风貌；时时、处处、事事都有实现梦想的机遇；每一个普通的中国人，都在社会的舞台上上演着属于自己的追梦大戏，同时也成就着国家的逐梦之旅……

在中国大地上，杰瑞感受到的每一丝成功的喜悦、每一次真切的感动、每一份强烈的震撼，都是如此饱满而鲜活。中国人的生活在以我们看不见的速度跨越式的发展，但中国人的幸福、骄傲却都实实在在写在春风拂过的笑脸上。

于是，他不由自主地想去探索、发现和思考：在变化中的中国，变化中的中国人，为什么会有这样的幸福生活呢？

答案，就在那笑意盎然的"春天的故事"里……

于是，在这种了解中国、认识中国、理解中国并亲近中国的"DISCOVER（发现、探索和思考）之旅"中，他们重新认识了身边一个又一个普通、平凡而又伟大的"变化中的中国人"，讲述了一个又一个"变化中的中国"日常、细微却鲜活、生动、影响重大的故事……

通过这些人和故事，他们深入了解了中国共产党在这个"变化的大时代"特别是2002~2012年这十年执政治国、领导中国和中国人发生的"巨大变化"。

这种变化是如此巨大、剧烈、迅遽，这种影响是如此的深刻、深邃、深远，以至于他们不得不去发现、探索和思考：**我是谁？**

“我”们是中国人，但是，中国人是“谁”？

这种提问，这种答案，在两百年中国近现代史，改革开放30年中，一直在被求解着。

大国崛起、复兴之路、中国道路……**变化中的中国以及变化中的中国人，一直都在变化的世界中寻找和确立自我的身份与位置。**

“温、良、恭、俭、让”等传统文明中的“中国人气质”已经成为传统，四川人、河南人、广东人等区域地理文明中……“中国人精神”已经过于停滞。

从史密斯的《中国人的气质》到林语堂的《吾国吾民》，从柏杨的《丑陋的中国人》到“××人惹了谁”，处处让每一个已经身处全球化的中国人看到自己的影子，但也时时让自己找不到衡量的位置——我们，中国人，还是这样的么？

这种变化是什么？这种变化对中国人的改变是什么？中国人在变化中的中国是如何发生变化的？这种变化将如何改变中国人的观念，并进而改变中国人的气质与精神？

生而为中国人，在这个全球化、互联网和转型期的变化速度加剧的时期，我们更容易失去自我意识，更迫切地需要寻找到自我意识。——

中国人在变化中必须不断提问的，已经不仅仅是“我是谁？”，还有：“我在何时何地，我是何种状况？”

2002年到2012年一系列重大中国事件，让这种提问和求解更加急迫！

愤怒中国，我们是怎样的中国人？

震撼中国，我们要做怎样的中国人？

奥运中国，中国人留给世界怎样的印象？

后奥运时代，中国人应有怎样独特的视野、姿态、理念与价值观？

中国世纪，中国人真正的精神与气质是什么？……

变化的故事

我是谁？

十年来，从国家到个人，从中国共产党到普通的中国人，从社会阶层（比如所谓中产）到新兴簇群（比如乐活族）……都面临着这样一个很关键的问题：**我是谁？我来自哪里？我要到哪里去？我能做什么？**

这就是席卷中国的"身份认同"的焦虑：政党－民族－国家，个人－阶层－中国人，都面临这个时代的拷问：我是谁？在变化中的中国－世界里，如何寻找和确立自我的意识、身份和位置?!

首先，是国家的身份认同：从世纪之初入市、入网、入世，到第一个十年末的世界"失序"危机中，都面临着中国的国家身份认同问题——如何在这个世界中寻找和确立中国的自我意识、身份和位置。

其次，是民族的身份认同。中华民族的伟大复兴，到底以什么为起点，又以什么为回归点?

再次，是中国人的身份认同——从个人、阶层到普通的中国人——都在为身份认同而焦虑。

这就是焦虑的中国人焦虑的核心。

这是从旧秩序消失的"失序危机"到新秩序重建中，确立自我的意识身份和位置必然经历的过程。

变化中的中国以及变化中的中国人，一直都在变化的世界中寻找和确立自我的身份与位置。

变化中的中国，如何才能确立这种"身为中国人"的自我意识、身份和位置?

在所有为身份认同而焦虑的情绪中，中国共产党在新时期新阶段的"身份认同"最为关键。

中国共产党成立 90 周年、辛亥革命 100 周年、"入世" 10 周年……这些重大的历史事件，都在推动中国共产党以更大的时间尺度，来寻找和确立自我

身份认同的焦虑！

的意识、身份和位置：中国共产党是谁？代表谁？为了谁？

汶川大地震、世界经济危机、中国公民社会的崛起……一系列重大的现实和政治问题，都在推动中国共产党以更广阔的视野，来考量自身的身份认同和未来道路的抉择：新时期新阶段，中国共产党新的执政理念到底是什么？

十八大前后，这种执政党的身份认同和道路抉择尤为重要——这意味着未来我们要“举什么旗，走什么路”的问题。

于是，以2002~2012年一系列中国事件为圆心，以改革开放30年和未来30年中国时代的转折为半径，我们可以系统地梳理中国共产党是如何领导我们提问和求解“变化中的中国／人”寻找自我身份和位置的变化轨迹：

中国人的传统价值观是什么？

随着改革开放和时代变迁又融入了什么新的元素？

我们如何做到以社会主义核心价值观作为中国人最基本的价值取向？

通过这种身份认同的变化轨迹，来讲述影响每一个中国人的形象和自我理念的建构，从而重塑中国人的新国民性格，形成中国人的新价值观的——

只有中国共产党的领导，才有“中国世纪”，才有“变化中的中国人”的骄傲和梦想。

也只有改革开放，才能实现“中国跟世界接轨，世界跟中国接轨”。改革开放30年，不仅仅是世界改变了中国，“丑陋的中国人”时代行将远去；未来崛起复兴30年，中国仍将继续深刻地改变着世界，“伟大的中国人”时代即将来临。

也只有选择社会主义，特别是选择中国特色社会主义道路，变化中的中国人才能在变化中的时代和变化中的世界寻找到自己真正的自我、身份和位置——我们一生中最伟大的事情，就是身在中国，“身为中国人”！

这十年，中国共产党的新政理念和执政经验，无一不是直面和求解这个当下最重大的现实、理论和政治问题——

变化中的中国，我们是谁，要举什么旗，走什么路？

中国共产党的身份认同（我是谁），关系到“党—国—家”（爱党就是爱国，爱国就是爱家）的关系重塑。

中国共产党的身份认同，在重塑中国—世界的“新秩序”：中国和平发展，中华民族复兴，社会主义中国在世界中的身份和位置；

同时，**中国共产党的身份认同，**还将再造“国家—个人”的“新秩序”：社会阶层、个人、中国人在政党—民族—国家中的身份和位置。

中国共产党的身份认同，是一个关系到国内和国际两个大局的“大局观”的问题——而这个大局观的问题，正在十八大前后，成为一个最重大的“理论、政治和现实问题”。

变化中的中国，中国共产党所取得的伟大成就、执政经验、新政理念（中国智慧），都在于直面、探索和求解这变化背后最重大的“理论、现实和问题”：

举什么旗，走什么路

这十年，这些变化，席卷中国的“身份认同”的焦虑：我们都在为“我是谁”而焦虑；

十八大前后，**中国共产党的身份认同，对于整个国家、民族、政党，以及我们每一个人、每一个阶层和全体中国人至关重要，也对当下和未来至关重要**——因为，它会重建国内和国际两种新秩序。

我是谁？中国共产党的身份认同是什么？

对这个问题的全新解答，将会影响和改变整个政党、国家和民族以及我们每一个普通的中国人的前途和命运。

所以，“漫画变化中的中国”系列，最重要的价值和意义，就是要梳理在“变化中的中国”的大时代里，中国人尤其是中国共产党在身份认同的焦虑之中，所走过的探索、实践和道路，对于当下和未来最重要的意义。

共产党为什么好？
社会主义为什么好？
改革开放为什么好？
共产党领导和执政的中国为什么好？
身为中国人为什么好？

这不仅仅是在追溯“共产党为什么能”的历史轨迹，更重要的是发现“共产党为什么好”的当代密码；

这不是在灌输概念，而是从普通的中国人的视角，讲述变化中的中国人那些细微却影响重大的“新故事”；

中国共产党的身份认同

这不是在抽象地讲述一二三，而是用海内外青少年喜闻乐见甚至是他们自己所绘的“漫”、“画”（如多格精彩动漫、手绘、图画、先锋艺术等）的新形式，来展现中国共产党领导中国和中国人发生的“巨大变化”；

这也不是在重复红色历史知识，而是以新的思考方式提炼和总结“共产党为什么好”的新概念、新理论和新思想，系统、全面、完整地表达和讲述**中国共产党领导“变化中的中国”所取得的“执政经验、伟大成就和中国大智慧”！**

变化中的中国

“漫画变化中的中国”，让这一系列“重大的理论、现实和政治问题”的答案，被发现、被探索和被思考着：

我们是谁？我们是中国人，中国人是谁？

今天，我们要做怎样的中国人？

到2049年，建国100周年时，中国以何样的面目、何种形象屹立于世界？

中国共产党的领导和执政，对于一个国家、民族和个人未来的前途和命运，具有如此重大影响的缘由是什么？

……

DISCOVER（发现、探索和思考）“变化中的中国”之旅已经开启。

我们正在路上。诚邀你一路同行！

家在我的手里，党在我的心上，国家在我的肩头，我爱家爱党爱中国。

重塑中国人的精神

"重建当代中国人的精神世界，是当代中国实践发展提出的一个紧迫而重要的问题。……中国共产党人提出社会主义核心价值体系，以此来解决当代中国人的精神世界问题。这实际上就是构建社会主义核心价值体系的精神实质。社会主义核心价值体系坚持了马克思主义和中国特色社会主义。中央提出构建社会主义核心价值体系的立题、立意是相当及时而重要、深远的，应成为我们重建当代中国人精神世界的指导思想和立论基础。"

——韩庆祥：《重建当代中国人的精神世界》

（京）新登字083号

图书在版编目（CIP）数据

漫画中国人的精神：社会主义核心价值体系建设为什么好？/漫画中国编绘部著．—北京：中国青年出版社，2012.9
（漫画变化中的中国系列）
ISBN 978-7-5153-0946-0
Ⅰ．①漫… Ⅱ．①漫… Ⅲ．①社会主义建设－价值论－中国－通俗读物
Ⅳ．①D616-49
中国版本图书馆CIP数据核字(2012)第169923号

书　　名：漫画中国人的精神
　　　　　——社会主义核心价值体系建设为什么好？
丛 书 名：漫画变化中的中国系列
文 / 图：漫画中国编绘部
责任编辑：庄庸　王昕
特约策划：张瑞霞
出版发行：中国青年出版社
社　　址：北京东四十二条21号
邮　　编：100708
网　　址：www.cyp.com.cn
门 市 部：(010)57350370
印　　刷：北京顺诚彩色印刷有限公司
经　　销：新华书店

开　　本：710×1000　1/16
印　　张：14.5
字　　数：300千字
版　　次：2012年9月北京第1版
印　　次：2012年9月北京第1次印刷
印　　数：0,001–10,000册
定　　价：59.80元